陶行知传

魏光朴　编著

国文出版社
·北京·

图书在版编目（CIP）数据

陶行知传 ／ 魏光朴编著. -- 北京 ：国文出版社，
2025. -- ISBN 978-7-5125-1846-9

Ⅰ．K825.46

中国国家版本馆CIP数据核字第2024XS5550号

陶行知传

编　　著	魏光朴
责任编辑	罗敬夫
统筹监制	杨　智
责任校对	周　琼
出版发行	国文出版社
经　　销	国文润华文化传媒（北京）有限责任公司
印　　刷	文畅阁印刷有限公司
开　　本	880毫米×1230毫米　　　　32开
	6.5印张　　　　　　　　　116千字
版　　次	2025年3月第1版
	2025年3月第1次印刷
书　　号	ISBN 978-7-5125-1846-9
定　　价	59.80元

国文出版社
北京市朝阳区东土城路乙9号　　　　　邮编：100013
总编室：（010）64270995　　　　传真：（010）64270995
销售热线：（010）64271187
传真：（010）64271187-800
E-mail：icpc@95777.sina.net

陶行知（1891—1946年），原名文濬，后改知行，又改行知。安徽歙县人。中国教育家。

1914年毕业于金陵大学（后并入今南京大学等）。后留学美国哥伦比亚大学。回国后，任南京高等师范学校教授、教务主任，东南大学教育科主任。1920年任中华教育改进社总干事，推动平民教育运动。

1927年创办试验乡村师范学校（即晓庄学校）。批判地改造杜威实用主义教育学说，提出"生活即教育""社会即学校""教学做合一"等主张，形成了"生活教育"思想体系。

1931年九一八事变后，组织国难教育社，创办"山海工学团"，主张采用"小先生制"，实行"即知即传"。1934年出版《生活教育》半月刊。1935年"一二·九"运动后，积极参加抗日民主运动，与沈钧儒等联名发表《团结御侮》宣言，提出教育必须为民族革命、民主革命服务。先后创办育才学校、社会大学。

1945年加入中国民主同盟，任中央常委兼教育委员会主任委员。

目　录

第一章

少年时期

受到恩师的启蒙教育

清朝末年,在安徽南部有一座古老的城市叫徽州,州治在歙县,郁郁葱葱的黄山在这里绵延不绝,新安江清澈宽广的江水流淌不息。徽州自古以来人文荟萃,是中国三大地方学派之一"徽学"的发祥地,被誉为"东南邹鲁,礼仪之邦"。

在19世纪末期,徽州人烟稀少,茂林修竹,风景十分优美。但是,群峰参天、岭谷交错的秀美黄山和飘逸苍茫的云海交织出的醉人景色,并不能让当地的居民们吃饱饭。这是一片山多地少的贫瘠之地,大多数住户全年的粮食也就能抵3个月温饱,所以许多人家只能外出谋生了。

1891年10月18日,当地黄潭源村一户陶姓农家出生了一个男娃,取名为陶文濬。后来,文濬改名为知行,随后又改名为行知。

据陶氏家谱记载,陶行知是陶氏第16世。说来也奇怪,陶家12世、14世每代都是子女4人,陶行知的父母也生了二子二女。但是长子和长女都不幸幼年夭折,只剩下次子陶行知和二女美珠,即陶文渼。

陶行知的乳名"小和尚"也因此而得。他的父亲说:"这孩子的姐姐宝珠很小就夭折了,咱们陶家人丁不兴旺呀! 都

说庙里的菩萨福慧圆满，不如让这孩子沾点儿佛家的福荫，就叫'小和尚'吧，但求庇护。"

家里人都认为这个小名起得好。这个"小和尚"外表看起来还真有点儿名副其实：宽宽的额角，细长的眼睛，高挺的鼻梁，五官周正而斯文，头也总是剃得光光的。

陶行知的父亲陶位朝，号槐卿，字笑山，为人笃实、厚道、性格温和。他不善农事，一直经营酱园店，闲时读书自娱。酱园店名为"亨达官"，是上代开设在万安街上的。万安镇属于休宁县，是徽州有名的大镇，水陆交通便利，商业发达。

陶行知的母亲姓曹，名翠仂，原籍徽州绩溪县北乡。她是一位勤劳、善良的劳动妇女，典型的贤妻良母。因为家境清贫，除管理家务外，她还要下田耕作，终日劳动不歇，甚至连丈夫、儿子和孙子的理发，都由她包办，以节省些钱来补助家用。对此，有陶行知自己写的《吾母所遗剃刀》一诗为证：

这把刀，曾剃三代头。

细数省下钱，换得两担油。

那时候，帝国主义对华的文化侵略正在势头上，外国传教士的足迹几乎踏遍了旧中国的穷乡僻壤。长江流域一带，到处建立了耶稣教内地会，歙县小北街也有内地会，陶行知的父亲便为该会会员。

因为家境困难,经人介绍,陶行知的母亲进入教堂帮佣,除负责炊事外,兼做勤杂工。父母艰苦勤劳的优秀品质和诚实朴素的生活作风,在陶行知幼小的心灵里留下了极其深刻的影响。

陶行知从小灵敏,5岁的小行知,在不知不觉之中显露出聪颖的天分。他常到村中叶家去玩,当人们在叶家厅堂中鉴赏壁上的对联、字画时,他也挤在当中看。

有时,小行知独自来到叶家厅堂,面壁静观对联、字画。主人和客人见他痴痴入迷的模样,觉得很是有趣,便有意观察他。但见他每次静观之后,便以木炭、小棒、竹枝在地上写写画画。

人们起先以为小行知只是兴之所至,乱画一气。及至弯腰细看,才不由得吃了一惊,5岁的孩子把对联上的字描了出来。人们向他投来惊异的目光,纷纷称赞他为神童。位朝夫妇也发现儿子资质不凡。但是,生计窘困,又能怎么样呢? 小行知依然只能以小棒作笔,大地当纸,写写画画而已。

黄潭源村很小,孩子们玩腻了,常到毗邻的旸村去玩。小行知也尾随大孩子们一起去。旸村有一个私塾,塾师方庶咸是位失意的老秀才。

有一天,方庶咸从门外嬉戏的孩子群中发现了不同凡响的陶行知。经过多次观察,他确认自己老眼不花,这个孩子若培养有方,来日必成大器。于是,他告诉陶位朝,愿意收小行

知为弟子,并予以特别教育。

按徽州习俗,开蒙是人生至关重要的大事,要设宴请酒。可是,此时的陶位朝已穷得无力设酒,只得谢过方先生的好意,惭愧地牵走爱子。

方庶咸爱才心切,尽管一个三家村教书匠的收入微薄,但他还是决定免费收小行知为学生。位朝夫妇自是感激不尽,就这样,6岁的陶行知开始接受启蒙教育。

1900年,陶位朝在万安谋得册书之职。册书,就是管田赋契约。生计有了转机,万安又是大镇,陶位朝将儿子带到万安,就读于吴尔宽经馆。陶行知聪明、好学,常常助人为乐,很快就赢得了老师、同学的喜爱。

但是,好景不长,1902年,陶位朝失去册书之职,二次归田。陶行知含泪告别师友,随父回到黄潭源。祖母老迈,没有了劳动能力,再加上妹妹,一家五口人要吃饭。病态的社会又使父亲染上了不良嗜好,每次劳作都让他体力不支。

贫困的家庭条件已经无法供陶行知念书了,十一二岁的他成了家中半个劳动力。他同祖母一起绩麻,和母亲一起种菜,随父亲去砍柴、卖柴、卖菜。

对于陶行知的失学,亲友、村人都非常惋惜。祖母不住地唠叨,为孙子着急。母亲数次和父亲商量:"再苦,也要让儿子念点儿书!"

"全脱产"的念书方式已经因家贫而不可能实现了,只能

"半工半读"了。经人介绍,陶行知投到歙城上路街程朗斋门下求学。歙县是徽州府的附廓县,县城在府城的东门外。上路街是县城主街,一色的青石板街道,有一两千米长。

黄潭源村在西乡,距府城三四千米。从府城西门到东门,穿过整个府城到程先生家,约有 5 千米。小行知来回得跑 20里路。每天天没亮,他就挑上一担柴出发,走的尽是田间小路,还得从鹅卵石浅滩中蹚过小河。赶到城中后,小行知早已衣衫、头发湿透,分不清身上是汗水还是露水了。

隆冬时分,小行知起得更早了。因为冰水刺骨,不能顺小路蹚河,要绕远道过大桥。五更的寒风没有使小行知懈怠,黎明前的黑暗却不知使他摔了多少次跤。他在城中将柴卖掉,然后匆匆赶到程先生家上课。

小行知将卖柴的钱全部交给父母,连最便宜的吃食也舍不得买。尽管饥饿难忍如火中烧,他学习起来却比谁都用功。每天,他被特许提早回去,以便赶到南山砍一担柴回家。待他挑柴下山,每每是夜幕低垂了。村里人说他是"鸡叫出门,鬼叫进家"。

如此艰辛地半工半读,小行知还是因为家里越来越穷而中断了学业。他只得在劳作的同时,一边自学,一边四处求学。当时,歙县有位学问极好的王藻老先生,这位老先生是贡生出身,德高望重,受聘在歙县航埠头曹家任教。

曹家是宰相门第,父子两代都是大学士。陶行知将自学

中的疑难问题集中起来,登门求教。尽管曹府侯门如海,王老先生又是一方名儒,但精诚所至,金石为开,小行知终被王先生收为门生。

两村相隔七八千米。在平常,每隔五六天,小行知总要挤出时间去一趟。遇到不能劳作的雨天、雪天,他就天天到曹府去旁听、请教。有一天,小行知冒着风雪,夹着书本和文章,翻山越岭来到航埠头。此时,王先生正在为生徒们授课。小行知不敢惊动课堂,就站在门外。一两个小时过去了,他一直恭敬地静立着,直到王先生无意一瞥,才发现门外浑身是雪的陶行知。

先生急忙将陶行知唤进室内。此事一传开,曹府内外,纷纷赞道:"古有程门立雪,今有王门立雪!"王藻老夫子大为感动,认定此子将来必成大器。于是,尽其所学,对陶行知悉心教诲。

正式成为崇一学生

跨入崇一学堂,是影响陶行知一生的关键性一步。这是他从旧式知识分子转变为现代知识分子的第一段经历。

崇一学堂是一所中等教会学校,坐落于徽州府府城中心的小北街,附属于城中的耶稣堂,也就是基督教内地会。教堂牧师、英国人唐进贤兼任崇一学堂校长。

陶行知得以进入崇一学堂，不能不感谢他的第一位外籍恩师唐进贤。假如没有这位"洋伯乐"，一个天才很可能会被埋没。入学起由是教堂翻译章觉甫与陶位朝是朋友。他见老友落魄、潦倒，全家生活如此困难，很想帮点儿忙。恰好教堂要雇一名干炊事、勤杂的佣工，章觉甫和陶位朝商议后，便介绍陶妻曹翠仂来教堂做工。

曹翠仂素来任劳任怨，做事又勤快，堂方非常满意。在家务农的小行知常常挑菜、挑柴进城卖。他天性纯良，对祖母、父母很是孝顺。小小年纪，便能体贴母亲的苦处。卖完柴、菜之后，他每每到教堂为母亲分担杂活儿。

小行知一来，便劝母亲歇息一会儿，自己抢着挑水、洒扫、择菜。唐进贤发现这孩子举止大方，事母至孝，颇有好感。经过几次观察，他感到这个不卑不亢的贫家少年有不凡的气质。

唐进贤爱好中国经史文学。某日，他有意与陶行知交谈。一经交谈，牧师心中一震：这个补丁累累的佣工之子，竟饱读诗书。而且不是个书呆子，能侃侃而谈，极有见地，其思维之敏捷、思路之开阔、思想之奇特，是他来中国后所认识的少年中罕见之人。

唐进贤当即决定：陶行知即为崇一学校正式学生，速来学校，免收学费。陶行知母子喜出望外。

那是1906年，陶行知15岁。饱尝失学之苦、求学之艰的

陶行知,格外珍视这自天而降的读书机会。

崇一学堂采用3年学制,主要课程有英文、国文、数学、理化、医药。当时进教会中学学习的学生,大都是新式高等小学毕业的,有一定的英文、数学基础。崇一学校的情况也是这样。

但是,对陶行知来说,除了国文扎实、成绩领先之外,其他科目他都没有涉及过,在同学中处于劣势。于是,他夜以继日地追赶起来。

陶行知跟有英文基础的同学一起听课,觉得十分吃力,但是,教会学校是非常重视英文的。于是,他决心首先攻破这道难关,不仅要学好英文,还要牢牢地掌握这门工具。他想方设法寻觅补习的地方。

城内大北街有位严公上先生,精通英文,是新安公学的英文教师。陶行知探得其住址后,登门拜师。严公上很喜欢这个好学、彬彬有礼的穷少年。

陶行知每日到严先生家补习,废寝忘食地背诵、默写。陶行知的记忆力极好,又肯吃苦;严先生是良师,教授得法。因此,他的英文成绩很快赶了上来,不久,在学校就名列前茅了。

接着,陶行知又欲攻克数学难关。他的逻辑思维能力强,又肯花工夫,同学们一般都是演算、解答老师布置的习题,而陶行知则额外地为自己增加两倍、三倍乃至数倍的习题。

别人用一种方法来解答、证明一道习题,陶行知却喜欢从不同角度来证明,用几种方法来解答,然后从中比较,找出捷径和最佳方法。一学期过后,他的数学成绩也名列第一了。唐进贤为爱徒的突飞猛进而欣喜,也为自己眼力的准确而欣慰。为嘉奖其学业优异,使之能专心攻读,他决定免去陶行知的膳费。

在崇一学堂,陶行知的自然科学、社会科学知识迅速增长。在这所小小的教会学校里,在这幢普通的徽式民居楼房里,他看到了发达的西方,看到了纷繁的世界,看到"四书五经""子曰诗云"无法告诉他的新天地。在这里,陶行知的视野也从区区歙县、休宁扩至九州,他看到了地大物博的祖国、被瓜分豆剖的祖国。

陶行知就读崇一学堂的1906—1908年,正是中国面临大动荡的时期。祸国殃民的"毒妇"慈禧,无耻地叫嚷"量中华之物力,结与国之欢心",把五千年文明古国搞得奄奄一息。一方面是神州即将陆沉,一方面是孙中山先生领导的民主革命风起云涌。

此时,同盟会员、后来成为国画大师的黄宾虹正在徽州秘密地进行革命活动。黄宾虹是歙西潭渡人。潭渡与黄潭源隔河相望,相距仅1千米。黄宾虹比陶行知大26岁,他进行革命活动的根据地是家乡潭渡。

1907年,黄宾虹为革命事业在家中秘密地开炉铸铜圆,被告发后连夜逃往上海。同时"革命党黄兴造反"之事传出,乡邦震动。这对少年的陶行知大有启迪和教益。在家乡和全国革命风潮的影响下,陶行知的爱国意识如同他的学识一样,与日俱增。

课余,陶行知常常和同学中的知己姚文彩、朱家治、洪范五、章文美议论国家大事,研究如何救国、救民。他用毛笔在宿舍的墙壁上题写下了座右铭:

我是一个中国人,要为中国作出一些贡献。

陶行知旦夕以此自勉、自省。这豪言壮语也激励了同学们。在崇一学堂,少年陶行知表现出优良的气质、品质。他的故事,至今还流传在徽城乡里。

西干是徽州府城极佳的风景区。青山叠翠,澄江如练,古木参天,曲径通幽。课余,陶行知常常和同学们到西干登山临水,寻幽访古,借以陶冶灵性。唐、宋以来,西干山共建有10座寺院,因此,西干又名"十寺"。到清末,只剩下两座寺院了。

崇一学堂的学生了解到,"十寺"的两个当家和尚乃是恶徒。他们勾结官府和地痞,干了许多坏事:在寺内聚赌;在寺中侮辱、强奸妇女;以宣扬佛教为名,强捐恶索;于西干山麓修建18座岩龛,在岩龛中摆上木雕菩萨,以此欺骗、盘剥乡民;砍伐、盗卖古木,破坏景区。

他们有恃无恐,恶行得不到惩治,受害的老百姓无处申诉。对市民、乡民关于维护古刹、保护景区的要求,官府也不予理睬。陶行知经过一番计划,和朱家治等同学赶到西干,将和尚愚弄、剥削人民的 18 座岩龛中的木雕菩萨一起摔入河中,边摔边喝道:"佛心何在!"

他们还冲到寺中,喝令和尚当场烧毁赌具,大声警告佛门败类:"不许再欺侮妇女! 不许砍伐树木! 不许破坏景区! 如再为非作歹,严惩不贷!"

陶行知又告诫寺中的小和尚:"不要为虎作伥,出家之人要维护佛门清誉。"

小和尚们由此觉悟了,不久便离开了"十寺"。两个恶和尚在学生的凛然正气面前也不得不收敛恶行了。陶、朱等崇一学堂学生大闹西干,人们拍手叫好,正气大涨。

踏上学医救民之路

由于家贫买不起书,陶行知养成了借书抄读的习惯。后来成为著名画家、美术教授的汪采白与陶行知是崇一同学。采白之父汪纪修藏书甚丰,也乐于助人。有一次,陶行知向纪修先生借了一部唐诗选本。他边看边吟,在吟诵之中将一部书工工整整地抄完了。

还书时,纪修先生有意考问他:"唐朝诗人中,你最推崇谁?"

陶行知不假思索地答道:"杜甫、白居易。"

汪纪修心中甚为称许,再问道:"为什么呢?"

陶行知答道:"杜诗沉郁有力,尽多伤时忧国之作,一副悲天悯人的心肠,愿得广厦千万间,以救世上的苦人。白诗通俗畅晓,妇孺皆知,又道出了那个时代的民生疾苦。"

汪纪修听罢,称赞不已:"孺子可教!孺子可教!后生可畏啊!"

后来,陶行知成了著名诗人。他的诗明白如话,老妪可解,为国为民鼓与呼,显然是师承白、杜的。少年陶行知就已具有了爱人、敬长者的美德。

陶行知在崇一学堂读书时,母亲有时从工钱中拿出少许零用钱给他。他十分省俭,从不买零食吃,用节约下来的钱买水果、点心,带回家给祖母吃。村里的人称赞道:"真是个孝子贤孙啊!"

崇一学堂的3年课程被陶行知只用两年就学完了。经考试,他名列第一,提前一年毕业。人们对此称赞不已,乡亲们甚至议论起一方风水的灵验了。

歙县本有"东南邹鲁"的美称,历来文风昌盛,流传着"连科三殿撰,十里四翰林"的佳话。"十里四翰林"指的是歙西平原上潭渡、郑村、西溪、岩寺出了4个读书人,在清同治四年(1865年)、十年考中进士、点了翰林。这四个村镇都在丰乐河边十里之内。

　　鱼米之乡的歙西平原，风光旖旎的丰乐河畔，称得上物华天宝、人杰地灵了。60年风水一转，莫非文魁星照临黄潭源了？正当乡亲们以为陶家要出新贵的时候，17岁的陶行知却道出了自己的去向：考医学堂，行医济世。

　　陶行知选择医生职业实非偶然。他生活在社会底层，贫穷、愚昧、落后、肮脏、无医无药的农村，村民发病率高，死亡率高，给了他切肤之痛，使他产生了强烈的救民之愿。

　　陶行知从国粹中汲取的亲仁、兼爱思想，教会学校给予的博爱精神，还有他那悲天悯人的禀赋，都是促成他选择这个救人职业的因素。崇一学堂开设的医药课程，姐姐幼年死于疾病，对他的学医亦不无影响。

　　1908年春天，陶行知由父亲陪着，到万安外祖母家辞行。之后，他从万安古城岩下的水蓝桥上船，沿着新安江—富春江—钱塘江，到杭州投考。23年后，他作了一首诗，追忆当年离乡别父、两相依依的情景。诗前有小序：

　　　　我17岁之春，独自一人，乘船赴杭学医，父亲躬自送
　　　　到水蓝桥下船。回想初别情景，历历如在目前。今特追
　　　　摄入诗。送别人竟不及见，思之泪落如雨。

　　诗云：

　　　　古城岩下，水蓝桥边，三竿白日，一个怀了无穷希望

的伤心人，眼里放出悲壮的光芒，向船尾直射在他儿子的面上，望到水、山、天合成一张大嘴，隐隐约约地把个帆影儿都吞没了才慢慢地转回家去。我要问芳草上的露水，何处能寻得当年的泪珠？

从金陵大学毕业

陶行知与崇一同学章文美一起考入杭州的广济医学堂，学医的愿望终于实现了。晚清以来，一大批接受了西学的有志青年抱着"宁为良医，不为良相"的志愿，学习西医，以救苍黎。孙中山、鲁迅、陶行知走的都是这条路。尔后，他们又走了一条相同的路：从医人到医国。

不同的只是各人选择的医国手段不同：孙中山以政治，鲁迅以文学，陶行知以教育。

不过，和孙中山等有别的是，陶行知"弃"医并不是自觉的，而是由于校方的原因和自身倔强的个性。

广济医学堂也是教会学校。陶行知在校一直很用功，成绩优异，诸事顺遂。可面临实习的时候，问题出来了。原来，校方有一条规定：

　　只有成为基督教徒的学生,才能享受免费实习两年的待遇。

　　陶行知对基督教的教义并不反感,还笃信博爱精神,但却不愿入教。当然,他是无钱缴纳实习费的。校方的这条不合理规定,令他愤慨。为向这条傲慢的、有辱中国人的规定抗议,他愤而离开了广济医学堂。

　　陶行知离开广济医学堂,固然表现了一个中国青年的傲骨,显示出民族自尊心,但他却因此失学,走投无路。由于在杭州举目无亲,他只得到苏州投靠表兄。但是,表兄自身都难以维持生活,两人只能靠典当衣物来维持生存。

　　为寻找生路,陶行知来到上海。正当穷愁潦倒的时候,他在街头与恩师唐进贤邂逅。唐进贤在徽州任满后,辞去崇一校长之职。此刻,他向弟子再次伸出援助之手:介绍陶行知到南京投靠金陵大学。

　　六朝古都南京是当时的政治文化繁盛之地,秦淮河、夫子庙表面一片繁荣,却有一种山雨欲来的气氛在空气中弥漫。大清王朝的统治岌岌可危,各种政治势力正在相互角逐,全国各地都是揭竿而起的起义和暴动,读了新学的青年学子们满脑子都是变法图强的新思想。

　　对此,陶行知并没有置身事外,做个两耳不闻窗外事的闭门书生。相反,他十分关注时局,如饥似渴地吸纳着各种新知

识,并广泛涉猎西学,探索和思考着救国救民的良方。

金陵大学是美国基督教会创办的,于1907年由汇文书院等教会学校合并而成。它分文科、理科、农科、医科等。在学制上,它分预科与本科:预科2年,本科4年。陶行知不负师望,当即考中预科。

1909年秋,陶行知进了金陵大学预科。他根底扎实,被免修了一些科目,提前一年结束了预科学习。1910年秋,他升入金大文科本科。他在学习上极为勤奋,进入本科后,以成绩优异而闻名全校。他的国文、法文成绩特优。对于数学,他具有天赋和浓厚的兴趣,攻读不懈,并且经常帮助同学解决数学难题。

在金陵大学的学习奠定了陶行知坚实的数学根底,训练了他缜密的逻辑思维能力,这对他一生的事业裨益匪浅。在以后的治学、工作中,他每每佐以数学方法,收事半功倍之效。他在论文和演说方面的成功,和他超强的逻辑思维能力是分不开的。

进入金大不久,陶行知开始研究起明代哲学家王阳明的学说。王阳明认为"知是行之始,行是知之成"。王学以反传统面目出现,在那个大变革的时代,对积极进取的青年学子陶行知产生影响,自然不难理解。

陶行知的价值观念、思维方式、知识结构都是在金陵大学学习期间被锻造出来的。他既博览中国古代文化典籍,又醉心于近代西方的科学技术、社会政治哲学等。

同时，陶行知还对当时严复、梁启超、孙中山等人的论著进行了深入思考。他胸怀祖国，放眼世界，总是把中国的前途与世界的未来联系起来考虑。他曾经大声疾呼：

> 由感立志，由志生奋，由奋而捍国，而御侮，勠力同心，使中华放大光明于世界！

陶行知跨入金大的时候，辛亥革命的惊涛骇浪已澎湃于全国。在政治上，他越来越信仰孙中山的革命学说。在数千年黑暗专制统治结束的前夜，在清廷垂死挣扎、疯狂镇压革命运动的血腥屠刀面前，陶行知以方刚的血气、救国的激情，组织演说会，宣传民主共和，为革命造舆论。

两年后，武昌首义成功。在胜利的欢呼声中，陶行知积极投身爱国运动和进步的社会活动中，发起、组织了各种演说会、运动会、展览会。每次他都去卖门票，以门票收入或充爱国捐，或用作爱国活动的经费。

清廷虽然被推翻了，但辛亥革命却不是一场彻底的革命。当时，国人在思想上十分混乱。思想混乱时期是一个言论自由的时期。作为教会学校，言论一向自由，如今更是纷呈复杂。许多师生依然认为中国无法建立共和国，只宜行君主立宪。

在金大的文艺会上，师生们围绕着"中国能否建立民国"

的问题展开激烈的辩论。"共和"与"君主"之争,实际上关系到中国的命运。陶行知就"中国必能建立民国,中国只能建立民国"而慷慨陈词。

在论战中,陶行知以革命的学说、缜密的逻辑、雄辩的口才和热烈的感情,多次驳倒论战的对手。陶行知的演说才能也由此崭露头角。

作为教会学校的金大,文艺会只用英语演说。陶行知从民族自尊心出发,倡议增设汉语演说。他的倡议在校内得到广泛响应,连校方也给予了支持。于是,金大的文艺会出现了汉语演说。

1912年1月1日,孙中山在南京正式宣布中华民国成立,并宣誓就任临时大总统。1月11日,临时政府确定了以《中华民国临时政府组织大纲》为纲领,以南京为临时首都,以红黄蓝白黑五色旗为中华民国国旗,象征五族共和之意。

"共和万岁! 民主万岁!"这石破天惊的呼声犹在耳边。然而没过多久,政局突变,孙中山辞职,将政权拱手让给了袁世凯。袁世凯在位时出台种种举

1910年,在金陵大学求学时的陶行知

措,妄图恢复帝制。

国内的形势动荡不安,变幻无常。革命党不仅在政治上受压,在经济上也受刁难。黄兴领导的南京留守机关便面临着财政困难。陶行知既迷茫又失落,然而他并没有消极避世,相反,他热情参与社会实践活动。陶行知在和金大学生骨干商议后,邀请苏州东吴大学到南京与金大联合举行学生运动会。

在运动会期间,陶行知率领金大同学维持秩序,带头卖门票。这次运动会的门票收入全部赠给留守机关,以帮助黄兴解决困难。门票收入虽然很少,对于黄兴的经济困难只是杯水车薪,但青年学子对革命事业的一片赤诚,给黄兴和他的同志们以政治上莫大的支持、鼓舞。

随着对王学研究的深入,在哲学上,陶行知越来越笃信王阳明的学说,并以"知行"作为自己的笔名。王阳明主张"知行合一":

> 知是行的主意,行是知的功夫;知是行之始,行是知之成。

主张"知行并进":

> 要把"行"与"知"结合起来,注重实践。

陶行知对此深表认同,从此以后,他以王阳明的思想为标尺,来完善个体人格的修养,寻求救国之道,并干脆改名为"陶行知"。

"陶行知"作为笔名首次出现,是在《金陵光》学报上。《金陵光》是金陵大学学生办的学报,创刊于1909年12月。它所采用的文字是英文。到1912年底,已出刊3卷。陶行知认为,学校办在中国,撰稿人是中国人,它应该有中文版。在这里,祖国的语言、祖国的文字,代表着祖国的独立、中华的国格。他倡议增设《金陵光》中文版,并为之积极努力。1913年新年开始,《金陵光》中文版问世。

毕业时,陶行知写的一篇论文《共和精义》,说理透彻,论据充分,居全校之冠。从创刊宣言到毕业论文,他在《金陵光》中文版上一共发表了12篇文章。

1913年9月,他任《金陵光》中文主笔。中文版《金陵光》为金大带来了一股春风。不过,金大时期的陶行知,虽有一腔救国的热血和爱国的激情,但在政治上还只是一个单纯、幼稚、天真的青年。

1913年3月,袁世凯派人在上海北站刺杀宋教仁后,反革命面貌已暴露无遗。轰动全国的"宋案"引起了当年夏天讨袁的"二次革命"。

但是,在1914年元月的《民国三年之希望》一文中,陶行知仍把革命党与反革命党的生死搏斗视为"萁豆相煎",将窃国大盗袁世凯与革命领袖孙中山并称,谓之"两贤交扼"。

在这篇充满书卷气的政论文中,年轻的大学生面对"阅报章则荆棘满纸,游街衢则疮痍遍地"的现实,认真地发表了四点希望:

> 第一,希望民国文官,不贪财,不因循,不争门户,勠力以襄国事;第二,希望民国武臣,严纪律,重人道,不矜功,不嚣张,为义战,不为暴戾;第三,希望内乱永平……第四,希望人人洗心革面,一刷污俗。

陶行知天真地以为:

> 有此四点,则外患不作,内乱不兴……可以富,可以强,可以比骋列国,可以雄视寰球。

这真是书生空议论。虽是书生之论,却也不乏独到之见。在毕业论文《共和精义》中,他将"共和险象"归结为四点:

> 国民程度不足、伪领袖、党祸、多数之横暴。

这种剖析是有一定的洞察力的。如何消除"共和险象"呢? 陶行知所用的方法是教育,他写道:

人民贫,非教育莫与富之;人民愚,非教育莫与智之;党见,非教育不除;精忠,非教育不出。教育良,则伪领袖不期消而消,真领袖不期出而出。而多数之横暴,亦消于无形……可见,教育实建设共和最要之手续,舍教育则共和之险不可避,共和之国不可建,即建亦必终归于劣败。

把教育的作用看成兴邦立国的根本手段是不妥当的,不过,这篇文章表达的关于教育的定义是广义的:

罗比尔曾说:"吾英国人第一责任,即教育为国家主人翁之众庶是已。"

陶行知毕生奋斗的教育事业也正是如罗比尔所说的广义的教育,而不是一般意义上的教育。他的教育宗旨、目标是教育人民做主人,教育人民爱国、救国、报国。他不是几百、几千个入门弟子的老师,而是几千万、几亿被压迫、被愚弄人民的老师。

第二章

青年时期

毅然赴美留学之路

1914 年夏天,陶行知以金陵大学文科总分第一名毕业。

在隆重的毕业典礼上,美籍校长包文授予陶行知美国纽约大学承认的文科学士学位,因为金陵大学是在美国纽约州政府注册的。

时任江苏教育司司长的黄炎培应邀参加了这一年的金大毕业典礼,他为陶行知赞叹:"真乃秀绝金陵之学子!"陶行知向黄炎培当面敬赠了自己所编的《金陵光》。

毕业典礼结束后,黄炎培关切地问道:"陶君毕业后有何打算呢?"陶行知踌躇满志地回答:"我想赴美国哥伦比亚大学学习教育学。"

这是他所知道的世界上研习教育学的最佳学府,那里汇聚着一批教育成果丰硕的老师。他坚定地说出了自己的志向:

> 我将以"教育救国"为我一生的理想。现在国家内忧外患,处处民不聊生,靠军事革命哪里能创立真正的民主呢?我坚信,革新教育方法是改变中国的必由之路。

黄炎培对志存高远的陶行知赞许地点了点头。

只是，陶行知并没有足够的经济条件去实现他的志愿。陶行知的父亲对他说：

> 孩子，我们的家境你不是不知道。我没有能力挑起家庭的重担，已经很愧对你们了。你是家中的独子，承蒙一路上有好心的先生们无条件地赞助你的学业，好不容易才勉强维持到你毕业。家里的田太薄，你祖母也老了，你得体谅父母的难处呀！你念了这么多年书，要知书达理，懂得成家方能立业的道理。你妹妹文渼的同学小汪是个不错的孩子，性情也好，你们挑个日子把婚事办了吧，出国深造的事咱们不敢想啊！

父亲的话让陶行知很是揪心，可是他不忍心违背父母的意愿，毕业后就回乡成亲了。虽然妻子汪纯宜的温和贤淑让他深感欣慰，但是新婚的他并未陷入温柔乡里，去海外求学的念头一天强过一天。

是啊，那可是他的"强国梦"啊！陶行知很快打听到，国外有奖学金制。他想，自己只要努力，一定不难获得，只要凑足路费就可以迈出国门了。接着，陶行知马不停蹄地奔走于南京和徽州之间，开始积极筹措赴美留学的经费。

最后，在金陵大学校长包文的支持下，加上同学、亲戚、朋友的鼓励与帮助,陶行知勉强凑足了基本的费用。

买好了船票,去异国他乡的日子越来越近。烛影重重,陶行知欲言又止,终于,他有些愧疚地对新婚妻子话别:

> 纯宜,我真是有些说不出口……咱们成亲时日不多,可我这就要动身去美国求学了。我希望你能理解。我这次排除万难去求学,不是为了自己日后的前途光明,而是为国家的富强寻求良方,只有教育是立国的根本!这些道理你可能一时不会明白,但我还是希望能得到你的理解和体谅。

汪纯宜强忍着离愁,安慰陶行知:"你放心去学习吧,家里有我呢,我会照料好爹爹和妈妈的。"

陶行知握住妻子的手,感激地说:"你和文渼既是同学又是好友,今后家里就拜托你俩来主持了,凡事商量着办,家和万事兴。"

第二天,陶行知夫妇和陶文渼一同去照相馆合了影。姑嫂二人并排坐着,手里拿着花束,却并没有笑靥如花。离别之际,自然是无比惆怅。而陶行知站在她们身后,气宇轩昂,神色坚定。从此,这张照片在国外陪伴了陶行知3年。

1914年秋,陶行知赴美留学。他终于如愿以偿,走出了国门,走向了国外。作为一个出身贫寒的农家子弟,能走到这一

步是多么不容易。这一步对于他的人生的意义,不逊于鲤鱼跳龙门。

也许是角色转换的差异太大,给陶行知的刺激太深,所以他在成为天之骄子、社会精英之后,仍然对下层普通百姓怀有深切的同情与切实的关心。

在这一点上,陶行知与他同时代的人相比,表现得尤为突出。他的一生充满了浓厚的平民意识,他的大众情结持续了一生。这一点,与他学历相近的,更鲜有可比之人。陶行知一生的跌宕起伏,也与此不无关联。

轮船从吴淞口出发,越过万里汪洋。同舟共济的有清华毕业生,后来与陶行知在事业上同舟共济的教育家陈鹤琴。

这是陶行知第一次乘轮船远航,他喜欢站在船舷,看着船体如利剑般劈波斩浪,不觉自言自语地赞叹:"轮船走得这么快,好极了!"

陶行知忽然想起课本上说的,轮船是由蒸汽机推动的,便想去看看蒸汽机,于是到机器轰鸣的机房去看了一会儿。心里又想:"蒸汽是水烧滚了变的,我得去看一看这水是用什么东西烧的,怎样的烧法。"

于是,陶行知又一路问到火舱门口,朝里一看,瞬时惊呆了:只见几个打着赤膊的工人像烤鸭一般在炉前烤着,他们的身上、脸上、手上一片乌黑,跟他们烧的煤炭没什么两样,浑身上下甚至被炉火烤得冒出了一层黑油!

这情景与甲板上尽情吃喝玩乐的天之骄子们形成强烈的反差,陶行知的感受如同硝镪水刻到心窝里,瞬时明白了:乘长风破万里浪,代价是伙夫们的泪和血,甲板上的悠闲生活,代价是火舱里的人间地狱。陶行知并没有因为自己是留学生就看不起下层工人,而是对他们的生活寄予深深的同情。

8月底,轮船抵达檀香山,有当地华侨代表前来欢迎。陶行知等人上岛作短暂停留。他们在华侨的带领下,参观了世界著名的水族馆,而后登船继续向东北方向航行。

9月7日,他们在美国太平洋沿岸第二大城市、美国西部金融中心及对远东贸易的重要港口旧金山结束了水上旅程。中国驻美领事、华侨代表以及基督教青年会中西干事都前往迎接。

宴会之后,一行人到斯坦福大学参观,次日全体师生乘火车一直往东,去往芝加哥。他们中途在盐湖城下车,改乘汽车去游览美国著名的大盐湖,参观了马尔门教堂,而后回到火车上继续前行,行程横贯了大半个美国。

9月13日,他们抵达密执安湖畔的美国第三大城市芝加哥。大家在此各奔东西:大部分同学继续往东去纽约,或是去东北的新英格兰,另一部分人往东南去。陶行知的学校大概是最近的,芝加哥就在伊利诺伊州内,他再向南一个多小时的车程就到了。

本来,陶行知想直接进入哥伦比亚大学深造,但是因为那里学费高昂，负担不起，只有先在为外国学生免除学费并提供奖学金的伊利诺伊大学学习政治学。

1915年，陶行知在美国伊利诺伊大学攻读政治学，获硕士学位

9月15日，陶行知在伊利诺伊大学给父亲发了一封信，报告行程。伊利诺伊州是林肯的故乡，在林肯任美国总统的第二年，他签署了一个《土地赠与法案》，内容是联邦政府对各州无偿赠与土地以建立大学。伊利诺伊大学就是在此政策下建立的34个州立大学之一。

伊利诺伊大学有两个校区，分校区就在芝加哥，主要是医学院所在地，主校区则设在芝加哥以南约200千米外的两个紧邻的小城。伊利诺伊大学既不依山，也不傍水，景色乏善可陈，但它的教学科研实力却非同一般。

早在20世纪初，伊利诺伊大学就已成为全美国最好的州立大学之一。建校不久，它就有几项"全美之最"，比如，1870年建立了美国第一个工程实验站；1876年建立了美国最早的农业试验站，对美国农业的发展起了巨大的作用。

陶行知到校时，正赶上佛林格大礼堂建成开放，詹姆斯在揭幕典礼上发表演讲。他说：

在不久以前,还只有医生、律师、牧师和教师才能上大学,就是说,高等教育是被这些所谓"博学"的专业占据着。而现在,我们认为,一个工程师如果想要在他工作的社区取得最大成就,首先需要受过良好的基本训练和足够广泛的教育,其次是能够成功地将所学的科学技术加以运用。

这是陶行知入校上的第一堂课,这场演讲给他留下了深刻印象。陶行知是有心人,校长的这段话在两方面使他受到启发或产生共鸣:

一是教育在走向普及,教育对象的范围在逐步扩大;二是教育的目的不仅在于使受教育者拥有知识,而且注重学以致用。

这不仅与陶行知曾经在《共和精义》中表述的思想相合,也与他将来实行大众教育的行为一致。

在美国伊利诺伊大学,陶行知作为研究生专心学习。期间,他对西方流行的各派教育新思潮均有广泛涉猎与钻研,这更加坚定了他要为祖国教育事业投入毕生精力和心血的信念。同时,美国哲学家、教育家约翰·杜威也深深影响了陶行知。

约翰·杜威的教育哲学是实用主义教育哲学,强调行动和实用,主张"教育即生活""教育即经验的改造和改组""学校即社会""以儿童为中心""从做中学"等,要求教育应当与社会有广泛的联系,要密切联系社会生活实际。杜威还指出教育要适应儿童身心发展的特征和规律,要着重培养学生适应生活的能力,要培养学生的主动精神和发展学生的个性。

这种批判精神、实验精神和创造精神,对于早就不满中国旧教育,亟欲建立一种新教育来维护和发展共和体制的陶行知而言,无疑具有极大的吸引力。

20世纪20年代前后,虽然陶行知独树一帜的生活教育学说与约翰·杜威的学说一衣带水,但是陶行知从不盲从地全盘照搬别人的理论,而是根据中国的具体国情,在充分总结自己长期教育实践宝贵经验的基础上,加以扬弃和发展。

陶行知靠课余时间打工来维持生活、赚取学费。每天下课后,他就到车站、码头、饭店打工,晚上回到学校又一头钻进图书馆里看书学习,而且常常在图书馆要关门时才最后一个出来。

美国的生活成本很高,他所赚的那一点儿钱简直是杯水车薪。偏偏这时,在寒冷的1月,国内又传来父亲去世的噩耗。24岁的陶行知悲痛万分,他是家中独子,一时之间恨不得马上回国。然而,他按捺住了回国的冲动,决意学成后以报效国家来寄托对父亲的哀思。

陶行知掏出长期珍藏在上衣口袋里父亲寄给他的信,看了又看,直到眼泪模糊了他的双眼。

3个月后,长子陶宏出生的消息从祖国传来,这让陶行知在心生欢喜的同时,又平添了对父亲的缅怀之情。一生操劳的老父亲居然等不到抱孙子,等不到儿子回国尽孝,这是何等的遗憾啊!

以教育为终生事业

经过一年苦读,陶行知获得伊利诺伊大学政治学硕士学位。他不想继续学政治了。美国教育发达、人才济济,给他深刻的感受。他认为美国科学发达、经济繁荣,原因在于教育发达。他想起教育落后的祖国,教育救国的思想更趋浓厚,最终决定以教育为救国、富国的终生事业。于是,陶行知开始改学教育学。

1915年9月,陶行知来到哥伦比亚大学师范学院攻读教育学。若将伊利诺伊大学比作一只大船,那么哥伦比亚大学就是一艘航母。哥伦比亚大学是美国最老牌的私立名校之一,坐落于美国东海岸的第一大城纽约市中心曼哈顿的西面。

哥伦比亚建校时间比伊利诺伊大学早113年,最初取名为"纽约学院",后被英王查理二世钦定校名为"王家学院"。

美国独立战争胜利后,校名改作"哥伦比亚学院"。

到了19世纪末的时候,学校已由哥伦比亚一所学院增为10所,校董事会遂将校名改为"纽约市哥伦比亚大学"。但直到1912年,新校名才经纽约州政府批准后正式付诸使用。

哥伦比亚大学的同学胡适与陶行知同乡、同庚。胡适是徽州绩溪县上庄村人,绩溪是歙县的邻县,本是从歙县划分出来的。陶行知母亲的故乡即是绩溪。

万里之外,两个老家只隔几十千米的有志青年成了同窗。虽然一个出身官宦,一个来自蓬门,但二人成了好友。他们俩因政治立场不同而分道扬镳,乃是以后的事了。

胡适是庚款第二届官费留学生,当陶行知还在南京汇文书院中学部读第二年的时候,胡适便漂洋过海了,他比陶行知早4年到的美国。他先进入纽约州伊萨卡市康奈尔大学农学院学农科,3个学期后忽然觉得所学近于屠龙之技,自己也毫无兴趣,于是转入该校文学院。

除了文学课程外,胡适还修习了哲学、心理学、政治和经济学,获文学学士学位。而后又读康奈尔大学研究院哲学系,因平常四处演讲,耽误功课太多,校方停了他的奖学金。他便离开康奈尔大学,转到哥伦比亚大学哲学系攻读博士学位,投在杜威门下,而正好与陶行知同时进入哥大。

哥大的男生宿舍有两幢旧楼和一幢新楼。陶行知住在旧楼之一的哈特莱大楼1010室,胡适因为在康奈尔大学参加社会活动多,经济上比较宽裕,所以住在那幢新的佛纳大楼内。当时住在新楼里的还有宋子文和张奚若。旧楼里则有孙中山的公子孙科和未来的北京大学校长蒋梦麟。

在陶行知修习的科目中,只有一门"教育史"贯穿了 4 个学期始终,指导教师为保罗·孟禄教授。是课程本需要这么长的学时,还是学生喜欢导师而对他的课爱不释手不得而知。但有一点可以肯定,就是在旷日持久的教与学当中,两人建立了友谊。

陶行知在海外除了得自费完成学业外,还得承担国内家中生活所必需的开支,经济非常困难。而且,陶行知虽然事先对哥大的生活费用有些思想准备,但入哥大之后发现,费用的高昂远远超出他的预料,才半年过去,入不敷出的窘况就出现了。

无奈之下,陶行知向当时的老师孟禄教授求助。孟禄教授是个非常热心的人,对这位刻苦的中国留学生也青睐有加,他及时伸出援手,亲自出面帮助陶行知申请美国利文斯顿奖学金。在孟禄教授的指导下,陶行知写下申请书,递交给院长罗素。最后,陶行知顺利地拿到了奖学金。

利文斯顿奖学金的顺利获得,不仅使陶行知得以从为生活来源的焦虑中解脱出来,对他的学习自然也是一种鼓励,还有老师在他申请奖学金中的假以援手,也使他感到昭昭暖意。陶行知在这一学期内的课程突然升至 6 门,是他在哥大修课

最多的一学期,看来其原因似乎并不难解释。

此前的陶行知,自在伊利诺伊大学开始,就一直是拮据的。他在伊利诺伊大学时,在一次中国学生夏令会上,与缪云台一见如故。其实他俩是伊利诺伊大学的同学,只是缪云台读的是矿冶学。可能是专业相差得远的缘故,两人同校却不相识。

陶行知与缪云台之所以相交,除了志趣相投外,还可能与彼此出身有关,因为两个家庭太相似了。小陶行知3岁的缪云台,生在云南昆明,祖父经营酱园,生产和销售酱油、酪、麻泊、各种酱菜等。与陶行知的祖父一样,其父亲也是长子,同样继承父业。

不同的是,缪父经营有方,家道殷实。缪云台就读于云南高等学堂,因辛亥革命的影响,未毕业学堂就解散了,转入留学预备班,是省派公费留学。先进入美国中部康萨斯州西南大学,一年后入伊利诺伊大学,又一年后入明尼苏达大学。

陶行知与缪云台相识时,缪云台已入明尼苏达学校,所以两人用书信保持友谊。缪云台见陶行知自费留学辛苦,便每月从自己80元的生活费中,抽出10元寄给陶行知,前后长达两年之久。

1917年的上半年,陶行知将大部分精力都用在毕业论文上,写到7月时,竟因为资料不足几乎搁笔了。因为论文一部分内容要以中国教育现状的数据作为论证,而需采用的数据有许多并未形成现成的文献，甚至数据根本未形成，尚需前往收集整理。

定论文选题时，陶行知不是没考虑到这个问题，可一直以为总有办法解决，也曾托人在国内代为搜集，不料均未能奏效。时间已到了这个时候，他有点儿骑虎难下了。

恩师孟禄又一次出面帮忙，他想好了一个变通的办法，给时任哥大哲学博士学位评审委员会主席的政治哲学专业科学部部长伍德伯里奇博士写了一封亲笔信，信中道：

> 我建议为授予陶文濬博士学位安排一场考试，这是特殊情况。陶文濬已经完成了学术研究工作，正撰写题目已被认可的毕业论文，但须回中国搜集资料，因为论文主体的注释部分有赖于这些资料，否则论文无法完成。
>
> 鉴于陶文濬将从事中国政府教育工作，而难以返回美国，我建议，任命一个特别委员会先进行考试，待论文提交后，再行审定。建议考试日期定为8月2日星期四。

孟禄的意思是，让陶行知先参加答辩，等论文完成后，再授予学位。就这样，陶行知回国时在哥伦比亚大学留下了一条尾巴。

有意思的是，已于6月份毕业回国的胡适离校时也留了这样一条尾巴；2年后毕业的陈鹤军在此也留了同样的一条尾巴。当然其中缘由各不相同,只说明在当时毕业而未获学位的情况并非个别。

留美3年,正是第一次世界大战期间。战争没有波及美国,对小国也没有什么直接影响。这3年,陶行知很少过问政治,也不参加社会活动,埋头读书,以图学成报国。

1917年秋,陶行知终于从哥伦比亚大学学成归国了。太平洋的海景如故,他伫立在甲板上沐浴着海风,临海远眺,海上的颠簸并没有让他有丝毫的慌乱。他决心回国后与其他教育家合作,为祖国人民组织一个高效的公众教育体系,发展和保持一种真正的民主。

开启探索新教育之路

1917年秋,陶行知自大洋彼岸学成归来,走进了位于南京北极阁以南的南京高等师范学校的大门,这不是他自己敲门进去的,而是听从时任南高师教务主任郭秉文的热情相邀。

在南京高等师范学校,陶行知的"开局"很顺,很受邀他入校的郭秉文倚重。入校才半年,代理校长

留美归来后执教于南京高等师范学校的陶行知

郭秉文便请他做了代理教务主任,随后又正式聘陶行知为教务主任。

在学校教学、管理事务方面,陶行知尽心尽力,其后在南高师变身东南大学的过程中出力尤多,对学校怀有深情。陶行知具有强烈的改革意识,一旦有机会,便马上实行改革。

陶行知积极支持并参与学生运动,其原因除了出于为师的朴素感情外,也是看出民众群体所蕴含的巨大力量。怀抱教育救国、改造社会巨大雄心的陶行知,正在寻找将来他为实现伟大抱负而可以依持的力量,他已感到寄希望于上层是不现实的。

在迎接并陪伴他的美国老师杜威、孟禄考察中国教育的过程中,陶行知对中国教育的现状、出路以及改造的方法,有了进一步的思考和启发。他参与的全国性教育团体的工作,也同样使他获得整个国家教育的视野,这使他重新选择了自己的人生之路。

就在陶行知赴美留学的那一年,江苏省立第二师范学校校长贾丰臻上书省巡按使,以省内严重缺乏中学教员为由,请求教育部在辛亥革命中停办的两江师范学堂基础上,设立高等师范学校,以培养师资,这一申请得到批准。

中国近代大实业家、教育家、北洋政府前农商总长张謇的得意门生江谦随即到南京,查看作为校舍的两江师范学堂

原址。当时校舍内还驻有陆军第十九师七十四团及"雷电练习所"。

江谦一面请江苏巡按使饬驻军离开,一面延聘职员,同时召集工匠修缮房屋门窗。次年9月,国立南京高等师范学校宣布成立,江谦任校长。教务主任为郭秉文。

郭秉文于1912年获哥大师院教育学硕士,1914年以中国教育制度沿革史论文获该校哲学博士。回国后,他先为商务印书馆主编《韦氏英汉大辞典》,而后接受江谦之聘,并领命在美网罗精英以作师资。

郭秉文在美留学时曾任全美中国学生联合会主席,主编《中国学生》月刊,对美国大学及中国留学生情况较为了解,故能不负使命,为南高网罗了大批人才。

郭秉文的师弟陶行知便是其中之一。1917年的2月与9月,学校分别增设了附属小学及附属中学,校区面积也由两江师范时的13000多平方米增加到20000平方米。此时有教员36人,管理员30人,校役42人,各科各级学生共278人,从19岁到31岁不等。

陶行知入校时,学校设有国文史地部、理化部、体育科、工艺科、农业科、商业科、英文科,陶行知为教育学专任教员,讲授《教育学》《教育行政》《教育统计》等课。

1918年的春天,江谦因病离校疗养,省长公署即命郭秉文代理校长职务,而郭秉文则将自己助教务主任一职交由陶行知代理。陶行知对教育充满了理想,也早就对教学现状不满,一旦机会来临,便着手实行改革。

4月,陶行知将他去年下半年刊登在《南京高等师范学校教育研究会会刊》上的《试验主义之教育方法》一文,又在《金陵光》第九卷第四期上发表,为他的改革造舆论。主张在教育中实行实用主义的方法。陶行知说:

> 欧美之所以发展快捷,就是因为他们采用了实用主义的方法,中国之所以落后于人,也就是因为没有采用实用主义方法的缘故。
>
> 实用主义的消长,关系到教育的盛衰。今天许多人都在说教育救国,我敢断言,不采用实用主义的教育方法,不足以达到救国的目的。

他又以美国教育为例说:

> 凡是著名的大学,没有不设教育科的。

1918年仲夏,南高师添设教育专修科。教育学遂由课程走向专业系科。教育专修科第一届招生40人,修业年限为3年。后来为提高学生教育程度起见,1919年改为4年制。

第一届毕业生37人。该年9月学校开始增加了学生学

习的课程内容。当时的一次教务会议决定,不仅国文史地部本科三年级每周要上两课时的教育学教授法,还要上两课时的教育史,而且理化部本科三年级每周也要上两课时的教育学教授法和两课时的教育史。

就拿教育专科二年级每周上课来说,有心理学、心理实验、比较教育、教育统计、教育社会学、中国与东洋教育史等课程。可见教育学科课程的面广程度。这自然是学校当局特别重视与陶行知极力主张的结果。

陶行知担任讲师的课程也相应增多,先后有教育学、教育哲学、教育统计学、教育行政、师范学校与小学组织及行政、中等教育、学务表册、比较教育等。

在陶行知的教学活动中,可以看出他所受国外教育的影响。有的课程安排直接仿照国外,比如"都市教育行政"一课的内容安排就是以克贝勒《公立学校行政》一书为参照的。

除此之外,陶行知还效法哥大师院克伯屈、孟禄等导师的上课方法,在课程中注重实地调查,在教学过程中安排讨论、研究、演讲等,还曾要求学生利用寒假在家乡就地做教育调查统计。

陶行知当时在南高师并非样样心想事成。南高师增设教育专修科,陶行知自然是教育专修科主任的不二人选,可是因为他的改革主张不被同事接受,他拒绝了这个职务。

1919年2月,陶行知在蒋梦麟主编的《时报》副刊《教育周刊》上的"世界教育新思潮"栏目中发表《教学合一》：

> 一是先生的责任在教学生学；二是先生教的法子必须根据学的法子；三是先生须一面教一面学。

在陶行知的极力宣传下，他的主张开始渐渐被同行接受，苏州师范学校首先赞成采用教学法。陶行知不失时机地将所有课程全都改为教学法，"教学合一"的理念由此终于得以实现。

在《教学合一》中，已经涉及教育者的问题，陶行知就此下潜，加深对什么是好的教育者亦即第一流的教育家的思考，并对第一流的教育家作出界定。他发现，当时常见的教育家有三种：

> 一种是政客式的，一种是书生式的，还有一种是墨守成规、跟着经验走的。

陶行知对这三种教育家的批评颇为客气，只是说他们不是"最高尚"的。而以他的标准，必须占以下两种要素之一，才可称作第一流的教育家。

一是"敢探未发明的新理"，即大胆探索，顽强执着于"新理"；二是"敢入未开化的边疆"，即要去没有开化的土地，要

教育没有接受过教育的人民。

前者说的是所谓的"创造精神"，后者说的是"开辟精神"，其实都是创新精神。陶行知不仅主张教育者应该成为这样的人，被教育者应被教育成这样的人，更应有能教育出这样的人的学校。

对于师范教育，陶行知提出了因需施教的观点。所谓需要，指两方面，一是社会对人才的需要，二是成才的需要。前者也有两层意思，一是要根据实际需要培养相应人才，二是不同人才的教育应有所区别。后者实际上又是因材施教的翻版：缺什么教什么，缺多少教多少，需要多少时间就用多少时间，不宜强行划一。

除此之外，陶行知还针对施教者职业出身不一而水平参差的现状，提出了近似于执业资格要求及继续教育的观点，即对施教者进行师范教育的特别训练。这对明确师范教育标准，提高师范教育整体水准无疑是十分有益也是十分必需的。

陶行知一切从需要出发的教育观点，与他受老师杜威实用主义教育的影响有关，也是他认定了以往教育失策是由于与实际生活有种种隔阂，比如，师范学校与附属学校隔阂，附属学校与实际生活隔阂。要改造旧师范教育，建设新师范教育，就必须消除这些隔阂。

就在同年 2 月，陶行知忽然听说杜威到了日本，在东京帝国大学做交换教授，不禁又惊又喜。惊的是他打算两三年后做的事,眼下却被日本抢先做了;喜的是想到杜威既已到东方来,必定会对东方的新教育有所帮助,他的学说也一定会因此而广为传播。

而且日本与中国离得这么近,暑假的时候可以请杜威到中国来玩玩儿,哪怕是到日本去看看他也是极好的。想到这里,陶行知即刻起身去见郭秉文,因为郭秉文正好要到美国去考察教育。当下两人商定,郭秉文途经日本时,当面向杜威发出邀请。

随后陶行知又得知胡适也写了邀请信给杜威,估计杜威来中国的可能性有六七成的把握了,心里更加高兴。他写了一封信给胡适,说自己也打算给杜威写封信,同时向胡适建议南北联手开个公司合办杜威来华事宜。

陶行知兴致勃勃,准备立即写篇《杜威的教育学说》给《新中国杂志》,后来大概是因为得知该杂志并不是胡适主编的,就将文章给了《时报·教育周刊·世界教育新思潮》了。

陶行知在文章中简略地介绍了杜威的生平、主张,列出了杜威的 16 部著作,并且指出《平民主义的教育》《将来的学校》《思维术》《实验的伦理学》4 部书和教育最有关系,教育界人人都应当购备,还预报了杜威到中国来的行期。

3 月底,陶行知接到郭秉文的信。郭秉文告诉陶行知,杜威到日本并不是做交换教授,只是游历顺带演讲。杜威见邀,一口应允,并且除了首肯上海、南京、扬子江流域及北京等游

历路线外,还主动表示可在中国一直待到明年年底。当然这还要等郭秉文与哥伦比亚大学校方最后商定。

陶行知当天立即给胡适发了一封信,通报杜威有关消息,并建议由北京大学、江苏省教育会及南高师各派一个代表共同担任接待事宜。信中写道:

> 敝校昨日已推定兄弟担任此事,请老兄和蔡孑民先生商量各推举一人,以便接洽。附上敝校所拟办法……请与蔡孑民、蒋梦麟、沈信卿三先生磋商,并请赐教。杜威先生来期已迫,请从速进行为要。

从信中寥寥数语也可看出,陶行知在邀请杜威来华的事情上非常主动积极,而且做事果断、快速、细致,的确是个做大事的人。胡适接到陶行知的信后,立即照嘱与蔡元培商议。蔡元培也以北京大学校长的名义致电哥伦比亚大学校长巴特勒,敦请杜威赴北大讲学一年,哥大复电同意。至此,杜威来华之事正式敲定。

4月30日午后,杜威和夫人爱丽丝、女儿露茜船抵上海,陶行知、胡适、蒋梦麟分别作为南高师、北大、江苏省教育会三方代表前往码头迎接。

蒋梦麟与陶行知、胡适同年毕业于哥大师院,获教育哲学专业博士学位,而他的指导教授就是杜威。当下师生四人异地重逢,热情拥抱,谈笑风生,其乐融融。随后,陶行知他们将杜威送到沧州别墅,次日又陪同他参观《申报》报馆,与经理史量才等合影言欢。

而后杜威在别墅休息了一日,便于5月3日和夫人到江苏省教育会作了第一场演讲,题目是《平民主义的教育》,主旨为:

> 整个世界无论哪个国家,社会问题的最终解决,都取决于平民教育的普及程度,所以中国未来的幸福,完全有赖于教育家的作为。

相隔3天后,杜威又赴浙江教育会演讲"平民教育的真谛",大意为:

> 教育的精神在于民主与共和,而共和主义教育的宗旨在于使人人获得被教育的机会,共和主义教育的方法是尊重个性。

就在杜威演讲的第一场与第二场之间,中国现代史上的一个大事件爆发了。

领导学生爱国运动

第一次世界大战结束后,作为战胜国的中国并没有得到胜利的果实与喜悦。从1918年11月的"公理战胜强权"庆典,到次年1月的巴黎会议,短短两个月时间,当时的中国就充分诠释了"弱国无外交"的现象。

面对屈辱的局面,从5月1日开始,北京的学生纷纷罢课,组织演讲、宣传,随后天津、上海、广州、南京、杭州、武汉等地的学生和工人也给予支持,继而引发了著名的五四运动。

1919年5月4日,北京3000余学生举行爱国示威大游行,火烧赵家楼曹汝霖窝巢,痛打卖国贼、驻日公使章宗祥,著名的五四运动爆发。

消息一传到南京,南京高师和其他大专学校的爱国学生热烈响应,立即走上街头,散发传单,进行联络。5月7日,南京全市中等以上学校的代表在鸡鸣寺召开紧急会议。会议议决:致电北京政府,强烈要求立即释放被捕的北京学生,组织"国耻纪念筹备会"。

五四运动轰动了整个中国,陶行知也投身其中。5月9日上午,南京各校爱国师生6000人集中于小营演武厅举行国耻纪念大会。陶行知和青年学生陈义昂当场咬破手指,以鲜血书写"还我山东"四个大字,使大会气氛达到高潮。

下午,陶行知在国耻纪念大会上慷慨激昂地发表演说,痛陈国耻历史,怒斥卖国贼和日本帝国主义,坚决反对签订"巴黎和约",号召爱国青年团结一致、雪我国耻。大会结束后,陶行知和民众还举行了示威大游行,群情鼎沸,民气汹涌。

5月13日,南京20多所大、中学校的代表举行南京学界联合会成立大会,确定联合会宗旨是"提倡服务社会,发挥爱国主义精神"。

在成立大会上,深孚众望的陶行知被选为联合会会长。学界联合会组织学生广泛散发传单,四处进行爱国演讲。由于学界联合会的宣传、鼓动,下关扛驳转运公司拒绝装卸日货,南京总商会坚决抵制日货。当局指令各大专学校阻止学生罢课,并要求教师对各自学生进行"劝导"。

不论官府如何压制,校方如何阻止,南京各校学生依然坚定地响应北京学生的爱国行动,自行罢课。身为南京高师教务长的陶行知,面对政府的压力和种种胁迫,仍以学界联合会会长身份领导全市爱国学运。

该年11月,日本人在福建逞凶,残杀中国学生、警察。消息传到南京,南京各界联合会立即发通告:

为"福建惨案"召开全市国民大会。

国民大会召开的当天早晨,学生联合会发动26所大、中学校的4000余学生,在全城销毁日货。学生们将搜来的日货堆在大会会场,也就是省公共体育场上。大会开始时,愤怒的学生、工人们当场将堆积如山的日货焚毁,烈焰冲天,万人高呼,民气昂扬。

4万人参加的国民大会推举徐瀛、陶行知为大会正、副会长,并推举正、副会长代表大会向江苏省督军李纯、省长齐燮元请愿,提出撤换福州日领事、新领事向我方道歉等6项要求。陶行知与徐瀛代表大会赴两署请愿,要求两署会衍致电中央力争。

在五四运动时期,像陶行知这样身负教育行政职务的高级知识分子,亲身积极投入爱国运动,与学生并肩作战的,实属少见。在涉外问题上,陶行知努力维护国家教育主权。

陶行知认为,外国人在中国办教育的有两种:善意帮助的和恶意侵略的。他大力反对英、日两国利用庚子赔款办教育的名义对我国实行文化侵略。

在学校里,陶行知继续推行他的革新教育,大声疾呼男女平等,女生也有受教育的权利。他多次在南京高等师范学校校务会议上提出《规定女子旁听办法案》,主张应允许女生进入大学学习。在招生名额上,他强调"不论男女,均可录取",还规定了录取女生的比例。经过不懈的努力,终于促成了南京高等师范学校首次招收女生。

"五四"时期，陶行知始终坚持民主主义的政治立场，努力探索建立民主共和国的道路与方法，并希望能从社会主义中吸取一些有利于改造中国社会的新思想。

五四运动以后，陶行知仍一如既往地积极组织联合学生或以学生为主体的团体，率领或支持他们进行反帝爱国活动。

1920年1月23日，参加巴黎和会拒绝在合约上签字的中国代表陆征祥等返国途经南京，陶行知亲率南高师全体学生前往下关欢迎。

2月1日，南京学生集会游行，抗议当局镇压反日游行示威的天津学生，陶行知到会发表演讲。

1921年6月2日，安徽学生为争取教育经费独立，爆发运动，遭皖督军马联甲血腥镇压，死二人，伤50余人，是为"皖六二惨案"。陶行知等通电声援安徽学生，反对军阀镇压民主运动，支持学生正当要求。

其后应邀赴安庆暑期讲习会讲学时，又针对此惨案，以《民权行使法》为题，痛斥军阀。

陶行知支持学生运动的确不遗余力，当时他的一位学生后来回忆道：

> 对各次爱国学运，教员支持学生堪为表率者，以陶师与陈鹤琴师为最著。

在郭秉文主持的第 10 次校务会上，校长提出了在南高师基础上筹备东南大学的议案，决议组织东南大学筹备委员会，进行申报工作。3 天后，陶行知被郭校长指定为委员会 11 名委员之一，参与谋划。

2 月 7 日，北洋政府国务会议全体通过郭秉文等人的陈请，定名为国立东南大学。教育部公文颁下，南高师随即正式组织东南大学筹备处，设主任一人，由教育部委任的筹备员郭秉文担任，副主任一人，事务员、书记若干人，与分设的八股股长均由主任任命。

一年后，八股改为九股，陶行知任化学股股长，股员有杨杏佛、刘伯明等 4 人。此前又有分科筹备机构，陶行知为教育科筹备主任，筹备员有陈鹤军、刘伯明等 20 余人。

1921 年 9 月，教育部批准郭秉文为国立东南大学校长，并批准拟订大学简章，标志东南大学正式成立。因为南高师在读学生不易处置，当时仍保留南高师，故而呈现二校并立的局面。直到 1924 年秋，南高师才完全并入东南大学。

东南大学的成立改变了我国东南无一大学的状况，意义自然不小，不仅是江苏省教育史，也是中国教育史上的一件大事。从郭秉文提出筹备议案，到教育部最后批准，看似时间不长，其实酝酿了很久，而筹备过程也不是一帆风顺，而是此礁彼浪。郭秉文等人，虽不至于一夕数惊，却也尝了些乍喜又悲的滋味，其中一个大结就是经费。直到东南大学成立后，经费问题还在困扰着校方。

1921 年夏,陶行知与范源濂、蔡元培、张伯苓等人在北京组织实际教育调查社,推范源濂、蔡元培为正、副社长。12 月,实际教育调查社在调查了九省教育情况之后,邀集奉天、广东、福建、四川、浙江、江苏、山东、河南、山西、直隶等省教育界代表到北京开会讨论如何改进教育。

在会上,实际教育调查社、新教育共进社、新教育编辑社三家社会团体一致要求三社合并成立一个机构,定名为"中华教育改进社"。这个新型组织以"教育的科学研究"与"科学教育的改善"等思想作为口号,并确立以"调查教育实况,研究教育学术,力谋教育改进"为宗旨,公推陶行知、朱经农、马叙伦、陈宝泉、李建勋为简章起草员。

随即又通过社章成立董事会,推举范源濂、蔡元培等 9 人为董事。次年 2 月,董事会在上海开会,选范源濂为董事长,聘陶行知为主任干事。

1922 年 4 月 12 日,北京成立总事务所,陶行知暑假后即到北京办公。同时他还兼任东南大学教授、教育科及教育系主任。

创办晓庄师范学校

20世纪20年代初期的陶行知刚刚30出头，既是沐浴过欧风美雨的大学教授，又担任着高师教务长的要职，年轻有为，前途无量，生活也很优裕，为一般人艳羡不已。

但人各有志，陶行知并不满意自己的处境。他人在高等学府，身居象牙之塔，心里想着的却是全社会的劳苦大众。他觉得，只要有一个中国老百姓未受到教育，就是自己未尽到一份责任。陶行知在给妹妹文渼的信中，表明了自己的心迹：

> 我本是一个中国的平民，无奈十几年的学校生活，渐渐地把我向外国的贵族的方向转移。好在我的中国性、平民性是很丰富的，我的同事都说我是一个"最中国的"留学生。经过一番觉悟，我就像黄河决了堤，向那中国的平民的路上奔流回来了。

1923年夏，陶行知辞去东南大学教授和教育科主任的职务，他给本校代理校长刘伯明写了一封信，信中写道：

> 本校教育科及中华教育改进社合聘行知担任两处

职务,已经有一年半。虽职务性质颇有相成之处,但两地距离太远,每月来往一次,斯觉精疲力倦,难于支持。

且教育科与中华教育改进社现已发展到不可兼任的地位,要想这两处事业继续充分发展,必须有人专心主持,若再兼筹并顾,譬如一个人站在两只船上,不到船翻人亡不止。静夜思量,不胜危惧……

中华教育改进社约定 3 年,现在决无舍去之可能。本校正在改约时期,复请准予辞去教育科主任、教育系主任之职,但以教授名义,给予无俸之长假。

俟中华教育改进社约满及有继任之人时,再行回校担任教授职务。行知订于 8 月初进京……务请即就本科教授中,另聘贤能担任科系主任职务,以便尽本月底交代。

离开东南大之后的陶行知与朱其慧、袁观澜、晏阳初等人发起组织中华平民教育促进会。陶行知等人利用"中华教育改进社"在北京召开第二届年会的机会,邀请各省代表成立平教会,9 月发表《中华平民教育促进会宣言》。

促进会总会设在北京,并陆续在全国 20 余省区设立分会,开办平民学校。朱其慧任董事长,陶行知任董事部书记,晏阳初为总干事。1925 年秋,晏阳初与陶行知、朱其慧产生了分歧,于是平教会总会从"中华教育改进社"分离了出去。

1926年秋,晏阳初选定河北定县为"华北实验区",以翟城村为中心,从事平民教育和乡村建设。他给平教会的工作规定了"调查、研究、实验、表现和推广"五个步骤。

平教会定县实验区的活动吸引了一批留学归国的知识分子参加。后出版了李景汉的《定县社会概况调查》等著作。定县实验后因抗日战争爆发而停顿,晏阳初遂转至重庆歇马场开办乡村建设育才院,继续从事平民教育工作。

后来,陶行知担任了中华教育改进会主任干事。开展平民教育最为关键的问题是教材的编写,陶行知为此身体力行,他和中华教育改进社的很多知名教育家共同研究平民教育课本的编写。

当时,陶行知与朱经农共同编写了《平民千字课》,这本书的编写耗时一年半,是从数万个字中选取100个常用字编汇成本,一共4册,总共96课时。这本书被后人奉为经典的教材,只需学生每天用大约一个小时的时间去学习,不到4个月就能把这1000个常用字学完。

陶行知还在自己家里开办了"平民读书处",让6岁的儿子教祖母识字,10多天后陶行知的母亲居然也能读信了。母亲的学习过程,让陶行知很受鼓舞,他开始在全国各地发起成立平民读书学校,遇见车夫、渔民,甚至要饭的孩子、饭馆的厨子,他都要送上自己编写的《平民千字课》,让他们学完后再去教身边的人。而他组织活动的经费多数都是自己写书得的稿费。

有一次,陶行知得到了1万多元稿费,拿回家锁在柜子里,承担着所有家务的妹妹看见了,就问他:"家里有老有小,钱也不多,能不能留一些给家里用呢?"陶行知想了想,温和地说:

> 我要去南京劳山脚下办晓庄师范,这钱要作为办学的经费。我们家虽然穷,但是粗茶淡饭还能维持。中国3.4万万农民非但没有饭吃,更没有文化。用这钱去办学校,是为农民烧心香,是尽我们的绵薄之力去帮助他们。你在家里省着点儿用,算是帮我去办大事啊!

妹妹理解了哥哥,默默地点了点头。陶行知就更加专注地投入平民教育活动中。陶行知指出:

> 中国人有百分之八十不识字,当时这个数字是3.2万万人。这些不识字的人里面,至少有1万万是12～25岁的青少年。为了使这1万万人在很短的时间里,受到相当的教育,就希望他们在百忙中每天能抽一点工夫来受四个月的平民教育。

回到南京后,陶行知更是在南京走街串巷,说服私塾先生把课本换成《平民千字课》,甚至亲自说服栖霞寺的和尚也来识字读书,以取得"国民识字文凭"。他还到军队、工厂、监狱、济良所里宣讲自己的平民教育思想。

在当时的中国,想在数千年封建专制统治的国家推翻旧观念,推广新事物,还要发动广大民众亲身参与,其中的重重困难可想而知。

有一次,陶行知的一个亲戚写信向他诉苦,说自己在给周围的人作平民教育的推广时受到很多不明事理的人阻挠,所以心情非常沮丧。陶行知在回信里告诉他:

> 在社会上做事就要预备碰钉子,解决这些问题的办法有两个:一个是以钢头碰铁钉的精神,把钉子碰弯;第二个是用自己的无限热情把钉子熔化掉。

陶行知是这样说的,更是这样做的。从开展平民教育开始,他先是在安徽芜湖发动了1万多人参加的平民教育大游行;然后又马不停蹄地到了南昌,发起数千人的大游行;再从南昌过九江,沿长江到武汉,发动了3万人参加的平民教育大游行……

他以这样的燎原之势,在全国迅速掀起了平民教育运动的高潮。到了1923年,仅凭陶行知的奔走呼号、上下动员,短短几年时间,南京城内就办起了31所平民学校,学生共计

2000 多人。甚至,《平民千字课》成了当时外国人用于学习汉语的教材。陶行知曾经在一封信中提到美国人读《平民千字课》的效果:

> 大使夫人是位美国朋友,她读了一个月《平民千字课》,我便写这信与她,她能懂得其中的大意。

陶行知为了推行平民教育,足迹遍及全国十几个省市,并从此开始注意农民问题和农村教育问题。

1924 年 3 月,陶行知在总结平民教育运动时就提出平民教育"下乡"的问题。他说:

> 中国以农立国,十有八九住在乡下。平民教育是到民间去的运动,就是到乡下去的运动。⋯⋯利用寒暑假去进行乡村教育,是平民教育运动中的最好方法。

陶行知提出的平民教育到乡间去的号召,引起中国共产党人的注意。同年 5 月,共产党人恽代英发表了《预备暑假的乡村运动》一文,提出应当利用假期开展全国范围的大规模的乡村运动,而平民教育则是最好的乡村运动。他还写信给毛泽东,提出"我们也可以学习陶行知到乡村里搞一搞"。

1926 年,陶行知在发表的《中华教育改进社改造全国乡

村教育宣言》中说：

> 本社（中华教育改进社）的乡村教育政策是要乡村
> 学校做改造乡村生活的中心，乡村教师做改造乡村生活
> 的灵魂。我们主张由乡村实际生活产生乡村中心学校，
> 由乡村中心学校产生乡村师范。乡村师范之主旨在造就
> 有农夫身手、科学头脑、改造社会精神的教师……

陶行知在宣言中提出了"教学相合"的原则，并提及了自
己的宏伟目标：

> 要筹措 100 万元基金，征集 100 万位同志，开设 100
> 万所学校，改造 100 万个乡村。

陶行知后来在一封家信中这样写道：

> 我们生在这个社会，都有相同的使命，那就是运用我
> 们全副精神，来挽回国家命运，并创造一个可以安居乐业
> 的社会交给后代。这是我们对于千万年来祖宗先烈的责
> 任，也是我们对于亿万年后子子孙孙的责任！

在 1926 年，由于社会条件不成熟，尽管陶行知做了巨大

的努力，但平民教育运动并未获得应有的成功，基本告一段落。陶行知开始意识到，在半殖民地半封建的社会条件下，中国教育的改造必须适应中国的社会环境。

当时正值国民革命军开始北伐，江南农民运动汹涌澎湃，陶行知鲜明地提出了要以"教育革命"配合"国民革命"的主张。他指出：

> 我们中国现在正是国民革命的势力高涨之秋。唯既有国民政治上的革命，同时还须有教育上的革命。政治与教育原是不可分离的，二者能同时并进，同时革新，国民革命才有基础和成功的希望。

1927年1月，刊登在《新教育评论》上的一则新颖独特的师范学校招生广告引起了社会各界人士的关注。这则广告明确地写着培养目标是将师范学校的学生锻造成具备"有农夫的身手、科学的头脑、改造社会的精神，同时还有健康的体魄和对艺术的兴趣"的人才。除了介绍考试科目外，广告中还特别注明：

> 小名士、书呆子、文凭迷，最好别来。

这则消息一经发布，犹如一石激起千层浪，教育界顿时一片哗然。一时间,索要招生简章的信件如雪片般涌到一个人的手中,这个人正是试验乡村师范学校的创办人——陶行知。

在寄来的信当中,有一封是清华大学教育系二年级的学生操震球写来的,操震球在信中说:

> 我决意从事乡村教育,创建中心学校,鞠躬尽瘁……

陶行知读完信,对这位青年的志向感到非常欣慰,迅速回了封信。这封信不单单是褒奖这位学生的志气可嘉,更多的是希望他不是仅凭一个理想就盲目行动,而是要认清现实的艰苦以及所要面临的种种困难。陶行知在回信中写道:

> 您既有这种宏愿,我就应当把个中的甘苦,明明白白地告诉您,还望您慎重考虑一番,再行决定。田家生活是要蛮干的,您愿意吗?您能打赤脚在烂污泥里奔走吗?您不怕把雪白的脸晒得漆黑吗?您不怕软手上起硬茧吗?您不怕在风霜雨雪中做工吗?您不怕挑粪吗?您愿意和马牛羊鸡狗猪做朋友吗?以城里人的眼光看来,这都是苦处;其实乡下人并不以此为苦。纵然这是苦处,乡下人也有城里人想不到的乐趣。乡间山清水秀,尽您浏览。您早上可以看旭日东升,引您兴奋。晚上可以待月西山,助您吟咏。到了收成的时候,您手里割着黄金似

的稻子,那田家乐的山歌,不断地洋洋乎盈耳。您还能亲眼看见您所栽培的儿童个个桃李似的一年一年地长大,一直到成家立业。您还能亲眼看见全村农夫农妇人人读书明理、安居乐业。您也许可以看见您的村庄和全国的村庄都成为村民自有自治自享的村庄,也许您亲眼看不见,要到令郎令孙的时代才能看见,您能忍耐吗? 倘使经过这番考虑之后,您决定要来投考,我们万分欢迎……

尽管陶行知给这个热血青年设下一串串问句,但他的文字将办学的一切都诗化了。困难诗化了,痛苦诗化了,一切都说得如此从容和无畏。正是由于陶行知崇高人格的感召力,操震球毅然放弃了清华大学的学籍,投身到晓庄师范学校里来,并将自己的一生献给了伟大的教育事业。

1927 年 3 月 5 日,陶行知用筹集的 1 万元开办费,1.2 万元常年经费,5000 元设备费,购买了南京神策门外的晓庄田园 1.3 万多平方米、荒山 5000 平方米作为校址和农场,将燕子矶小学、尧化门小学收编为第一、第二中心小学。

终于,我国第一所试验性的乡村师范学校晓庄师范,在南京郊外劳山之麓诞生了。陶行知以乡村教育是“立国之大本”的高瞻远瞩,怀着“爱中华民族中最多数而最不幸的农人”的崇高感情,辞去月薪 500 块大洋的中华教育改进社主任干事的职位,来到荒山僻野担任每月薪俸不足 100 块大洋的乡村师范校长，成为我国最早提倡建立乡村师范学校，并付诸实践的第一人。

1927 年 3 月 15 日，陶行知在南京北郊劳山创办晓庄试验乡村师范（南京晓庄学院前身）

手把个锄头锄野草呀，

锄去野草好长苗呀，绮雅嗨，雅荷嗨，

锄去野草，好长苗呵，雅荷嗨；

五千年古国要出头呀，

锄头底下有自由呀，

绮雅嗨，雅荷嗨，锄头底下，有自由呵，雅荷嗨；

天生了孙公做救星呀，

唤起锄头来革命呀，

绮雅嗨，雅荷嗨，唤醒锄头，来革命呵，雅荷嗨；

革命的成功靠锄头呀,

锄头锄头要奋斗呀,

绮雅嗨,雅荷嗨,锄头锄头,要奋斗呵,雅荷嗨……

这一首由陶行知作词的《锄头舞歌》,是晓庄师范学校的校歌,可它一点儿也不高深难懂,反而很接地气。这首歌朴实轻快,连农妇们都喜欢哼唱,很快传遍了晓庄,甚至风靡南京。全国各地的教育界人士纷纷来晓庄师范参观,《锄头舞歌》又随之传遍国内外。

为了合理规划好校舍,陶行知废寝忘食,常常借住在当地农民家里。农民们没想到,这个喝过“洋墨水”,放着大学教授的职位不干,跑到农村来建学校的陶校长居然能屈尊住在那间遍地堆积着牛粪的小屋里,忍住强烈的气味,若无其事地和牛同住一个星期之久。陶行知见了人还笑盈盈地说,和牛大哥同睡,只闻牛粪香,不觉办学苦。

他对家人说得更乐观:“牛大哥脾气很好。我睡在稻草上,暖和得很,比钢丝床还有趣。”他还曾在给母亲的信中这样写道:

知近在乡村师范工作,快乐得像活神仙一样,整日打赤脚,穿草鞋,自由得很。大前天我们造了个茅厕,前天自己做了个浴室,昨天又自己做了个厨房,明天晓庄小学

就要行开学礼了。

怎么给这批"珍贵"的学生物色好的老师呢？陶行知知道，如果把这批学生教好了，就像春天精心播撒了优良的种子，中国大地上的人才会如同一茬又一茬的稻子层出不穷。他到上海与董事们汇报办学的筹备经过，商定了学校行政机构的设立及职能，并写信给后来任科学指导员的吕镜楼，感谢他愿意来晓庄工作，"谨为全国农家子弟鞠一万个躬"；他还写信给教育指导员杨效春，称"得弟胜得百万金"；还有武术指导员、美术指导员、生物指导员……

陶行知求贤若渴，为了给学生请到最好的老师，他一个一个去游说、表达感激之情。热心于乡村教育事业的志士们被陶行知的报国理想和人格魅力所折服，纷纷来到这个贫穷落后的村子里"俯首甘为孺子牛"。

在开学典礼上，陶行知慷慨激昂的演讲让学生们禁不住热烈地鼓掌，而教员们也几乎全都感动得掉下泪来：

乡亲们！来宾们！同学们！这是北伐军向南京发起总攻的枪炮声，也是为我们学校的开学典礼鸣放礼炮，来得正好哇！虽然我们的校舍还在继续建设中，但是我们的教程必须按时进行。中国教育现状的改观，刻不容缓，时不我待！中国几千年来的教育，积习严重，那是与实际生活脱节的死书本死教育,一个乡下先生只晓得像只孤鸦似的在破庙里教死书,办学与社会完全隔离,这样教出的"老八股"与人民群众有什么关联呢? 我们要根据中国的国情,改革旧教育,而年轻的你们,是乡村教育的希望啊! 我相信,只要咱们师生一心,共同努力,你们1年就能使学校气象生动,2年就能使社会信仰教育,3年能使科学农业著效,4年能使村自治告成,5年能使活的教育普及,10年能使荒山成林,废人生利! 我们的目标是为3万万多农民服务,国家有一块未开化的土地,有一个未受教育的人民,都是由于我们没尽到责任!

同学们,你们看看头顶上这一面晓庄师范的校旗吧,这是不才的我亲自设计的,我想告诉大家它的寓意;一个"活"字在图案的正中间,意思是:活的教育,手脑并用,自觉觉人。圈外有个等边三角,代表教学做三者合一。三角上面有一个"心"放在当中,表示关心农民甘苦之意。左边有一支笔,右边有一把锄头。三角之外有一大圆圈放射光芒,好比是太阳光。四周围绕着一百颗星星,它代表征集一百万位同志,倡办一百万所学校,改造一百万个乡村。我们的校舍上面盖的是青天,下面踏的是大地,我们的精神充满宇宙天地之间!

伟大的事业注定不会一帆风顺。当时,大革命的内战正

酣,南京城枪炮声不断,许多人不清楚陶行知为什么要把校址选在晓庄。其实,说起这个乡村试验学校的选址,还有一段佳话。

当初,陶行知和赵叔愚、邵仲香在北京、上海、杭州郊外四处寻找合适的校址,都没有找到满意的地方。这年初春的一天,他们和钱尚志一行人来到南京和平门外燕子矶附近的一个村子,这村子名叫小庄,背枕老山,前面能望到紫金山。这里的住户并不多,因而地广人稀,视野辽阔,看起来和所有农村一样,荒凉而落后。然而,由于春回大地,这里毕竟有着心旷神怡的田园美景:溪水叮咚,百花吐蕊,新鲜的空气中弥漫着阵阵花香。

陶行知环视了一圈儿,有些兴奋地大声对随行的人喊道:"这里好,学校就建在这里了! 你们各位意下如何?"钱尚志也赞不绝口:"还是陶先生你眼光独到啊,这个地方很富有诗意!"陶行知笑着说:

世道要改,教育要改,这地名也要改一改! 老山这个名字不好,把它改作"劳山",小庄也改为"晓庄"。我们在这里开办试验师范学校,劳力又劳心地发展乡村教育,日出而作,相信长此以往,中国的教育必将迎来破晓的曙光。

说着,陶行知诗兴大发,即兴作起了两句诗:

老山劳,小庄晓,新时代,推动了。

大家都听得两眼放光,拍手称好……一行人都很振奋,边走边议,仔细考察了一圈儿村子的全貌,一起规划着哪里的空地适合修礼堂,哪里的树林建图书馆和艺术馆比较妥当,把校舍建在哪里最合适……

陶行知指着不远处一片桃林说:

你们看,那里修建宿舍再好不过了,可以叫"桃花村"。

陶行知仿佛打开了话匣子,滔滔不绝地倾吐着胸中的规划:

在前山坡上建几个草房,我就可以接全家人搬过来住。大诗人陶渊明当年不是在自家门前种下五棵柳树,自号"五柳先生"么?我也附庸一回风雅,在小草房周围栽上几棵柳树,取名叫"五柳村"吧。

后来,在晓庄师范学校开学的时候,校舍还没有建好,大家便在山下立起三五个帐篷,搭建临时居所,直到师生增多了,才将一部分师生分投到附近的农家去住。由于报考晓庄

师范学校的学生越来越多,即便校舍建起来了,房间也是不够的,一些学生还得住在农家。

陶行知亲自设计校舍,虽然全部房屋都是茅草屋顶和土墙,再配上大玻璃窗,可他仍然希望在这样简陋的材质中体现出中国古代建筑艺术的风格。他发挥创造力,将每一个房屋的形状都设计得各不相同。虽然都是以土坯垒墙、茅草作顶,但统一和谐中又各有特色,显得朴实又典雅大方。

他不光负责设计,还监督工程质量和进度,并带领着学生们一起动手施工。可以说,晓庄师范学校的一砖一瓦无不浸润着陶行知的心血。在建造晓庄师范学校的过程中,陶行知不是"苦中作乐",而是"以苦为乐"。他始终有着诗人的特质,时不时地神来几笔。

学校的礼堂大功告成那天,他在学生们的簇拥下,兴致勃勃地参观大礼堂。"陶校长,您说咱们学校的礼堂叫什么名字好呢?"一个学生歪着脑袋问。

陶行知扶了扶眼镜,望向正在田垄上耕地的农民,略微沉吟片刻,说道:

> 我们办晓庄师范学校就是为了把教育还给最需要教育而被隔绝于墙外的乡村人民!"犁间开心路,障碍挡不住。一心往前进,奔往幸福处。"我们就把这个泥土墙、茅草顶的礼堂命名为"犁官"吧!

"好一个犁官！真大气！那图书馆叫什么呢？"

图书馆的功能就是为了让学生读书，可……读书稍不留神，就容易读成书呆子。你们知不知道，中国有三种呆子：书呆子、工呆子、钱呆子。书呆子是读死书，死读书，读书死。工呆子是做死工，死做工，做工死。钱呆子是赚死钱，死赚钱，赚钱死。对于书呆子我是劝他们少读点儿书，多干点儿有意义的事，免得呆头呆脑。所以，就叫"书呆子莫来馆"吧！一方面叫书呆子不要来，一方面叫工呆子、钱呆子多看些书，把头脑弄得清楚一点儿，好把世界的事看个明白。正如谚语所说："用书如用刀，不快自须磨。呆磨不切菜，何以见婆婆？"

这番妙语连珠说得学生们恍然大悟又乐不可支。

"校长，那咱们新挖好的厕所叫什么？"一个调皮的学生这样打趣道。陶行知却饶有兴致地接过话题，高兴地说：

那些吃饭不种稻的富人们，把粪便当作最讨厌的东西；农民却要靠它作肥料，把它当作最可贵的东西，像黄金一样珍贵。今天我们就给这座厕所命名为"黄金世界"好不好？

"好!"师生们爆发出欢笑,觉得名字起得特别妙。

陶行知始终有着诗人的特质,他信手拈来地将厨房命名为"食力厅",将课室、宿舍所在地命名为"桃花村""杏花村""樱花村"。

对于校门,他更是见解独到:"我们无须铸围墙,也无须起门楼,只需要做个门框,上面写着四个大字,让人找不错路就行了。"

最后,"晓庄师范"这四个大字由国民党元老、书法家谭延闿用颜真卿体挥笔而就。

后来,人们问陶行知:"您这个晓庄师范学校有多大?多少面积?"陶行知笑答:"你看晓庄地区有多大,我学校就有多大,整个晓庄地区都是我的学校。"

一堵没有围墙的学校,真正体现了"社会即学校"的观念。晓庄师范的办学特色就是如此鲜明。这是陶行知本人提出的"生活教育"理论的首次实践。从教学原则到教学方法,遵循的都是"生活即教育""社会即学校""教学做合一"的新的教育原理。

办校有方

有一次，陶行知邀请同乡姚文采到晓庄来上生物课。上第一堂课时，陶行知就让他先把书本放到一边，要"随时教育、随地教育、随人教育"。姚文采教了十几年生物课，从来没有这样教过，他不明白陶行知是什么意思。

傍晚，姚文采看见陶行知与两个叫花子在亲热地交谈，谈完话后就叫学生带他们去洗澡。然后陶行知对他说："这是我从南京夫子庙请来的两位老师，来教大家捉蛇。晓庄附近有许多蛇，经常咬伤人，让蛇花子来教大家捉蛇，你看怎么样？"姚文采没说话。而蛇花子开始为晓庄师生上生物课了，课堂就在山里。

几天以后，最胆小的女孩子也敢捉蛇了。她们说："只要击中要害，蛇并没有什么可怕呀！"学生们还知道了为什么蛇没有脚却跑得快，蛇没有耳朵怎么听得见声音，以及蛇是老鼠的克星等知识。

姚文采这才理解了陶行知的用心。之后，他带学生采集标本，把挖草药的老农请来教认草药；请种花木的花匠来教种植花木的方法；请科学社的专家来教怎样辨别生物科别及定学名。晓庄附近的花草树木也都挂起了学名牌，生物课从

此上得生动活泼。

晓庄学校以生活为课程，以万物为导师，以宇宙为教室，以中心小学为教学中心。陶行知为学校规定的培养目标，是培养造就有"农人的身手、科学的头脑和改造社会的精神"的新型的乡村教师。

陶行知来到晓庄以后，脱去长袍马褂，与师生共甘苦，同农民交朋友。晚上在茅屋里铺着稻草就寝，与老水牛为邻；白天打赤脚穿草鞋，同学生一起挑牛粪，参加劳动实践。为了表示自己为农民服务的决心，他又盖了几间茅屋，把老母、孩子也接来农村。

晓庄师范的学生从早晨5点30分到晚上9点30分，过着紧张、活泼、团结、愉快的教、学、做合一的生活。每天旭日初升时，大家集中到犁宫前面开演讲会，内容有学术演讲或日常工作讨论等，师生们轮流担任主席并讲话。学校的老师被称为指导员。

早饭后，师生们在分管的地区做清扫工作。之后，处理分管的校务工作，如文牍、会计、庶务等都由同学担任。值日招待和炊事工作，也是师生们轮流干的。

每个人每周都有计划，每天有分计划，什么时间做何项工作，什么时间自习或向指导员请教，都按计划进行。自己订的规划，自己执行，自己考核，自己总结。

每周要开生活检讨会，对学校大事、分任工作以及各人的操守,都要加以检查、讨论、评定。大家每天要写日记,把学习心得、工作体会和思想情况写出来,以便参考。

学校教学与农村生活紧密结合。师范部办了8所中心小学,在附近农村又办了4所中心幼稚园和民众夜校,由师范生轮流担任校长、教师,每5人为一组,任期半年。通过教育实践,培养师范生的办学和教学能力。

陶行知十分重视幼儿教育,主张"教人要从小教起"。他说:

> 小学教育是建国的根本;幼稚教育尤为根本的根本。小学教育应当普及,幼稚教育也应当普及。6岁以前是人格陶冶最重要的时期。这个时期培养得好,以后只需顾着继长增高地培养下去,自然成为社会的优秀分子。

当时,陶行知除了创办中国第一个乡村幼稚园外,又带领部分学生陆续办了好几个幼稚园,如晓庄、和平门、迈皋桥等处的幼稚园。

陶行知生活教育理论的主张有一个出发点,那就是为人民服务的思想。他在晓庄发誓,要为农民"烧心香"。他勉励教师们要时常想到农民的痛苦,时常关心农民的幸福。他还指出师范生是未来的小学教师,应当具备健康的体魄、农夫的身手、科学的头脑、艺术的兴趣和改造社会的精神。要教农民"自主,自治,自卫"。

陶行知在《我们的信条》中说：

> 我们深信健康是生活的出发点，也就是教育的出发点。

所以，在晓庄师范学校的培养目标中，由原来的农夫的身手、科学的头脑、改造社会的精神三条，增加了"康健的体魄"和"艺术的兴趣"两条，而且把"康健的体魄"列为五个目标之首。为了在农民中开展体育运动，陶行知发起成立了"农民武术会"，以恢复"我国国民固有的尚武精神"。

为了教育工作顺利开展，陶行知提倡和农民交朋友，拜农民为师，每人规定时间"会朋友去"，主动地接近农民，为农民办好事。因此，他们在附近乡村办了很多中心民众茶园，陈列了各种书报和棋子，利用农民空闲，提倡正当娱乐。

陶行知还组织师范生每晚7点轮流去讲时事，讲故事，向民众进行思想教育；还办了乡村医院、诊所、合作社及"联村自卫团"，又举办"农村救火队""农民运动会"和农产品比赛、展览会等，农民们身受其益。不久，便和学校打成一片了。

陶行知还建立了晓庄科学社，请在美国学习了8年生物学，回国后主持生物研究所的秉农山先生定期来校讲学。秉先生非常支持陶行知的事业，他带领晓庄师范学校的学生对长江下游沿岸进行科学考察,采集制作了1000多件动物标本、2000多件植物标本,陈列在两间大教室里,并以此为基础,组建了种类丰富、规模颇大的生物室。他还在农场里指导学生们饲养牛、羊、驴、鸡、鸭、鹅、猪、狗、猫、兔等,让农场变成了小小的动物园,既使大家增长了知识,还平添了不少生活的乐趣。

另外,说起来晓庄师范的第一堂课,谁也料不到竟然是救助难民。由于战乱,南京城的老弱妇孺们东躲西藏,很是凄惨。陶行知为了救护难民,联系了红十字会,组织晓庄师范和安徽公学的师生成立了两个红十字救护队,还在燕子矶小学挂出了妇孺收容所的旗帜。

一时之间,担着锅、挟着衣被、背着孩子,夹杂着吵嚷声、叹息声、哭泣声、呼号声、东西撞击声的数百个难民,应和着城外传来的枪炮声,使燕子矶小学喧闹了起来。陶行知带领着十几个晓庄师范学校的师生,不仅要管他们吃饭,还要给他们看病。晚上还要在凛冽的寒风中手持着木棍轮流为他们站岗放哨,保卫他们的安全。

这些难民中不乏一些未成年的孩子,陶行知又为他们办了一个临时幼稚园,一个临时小学,一个临时平民学校,一个临时看书处。陶行知还从陈鹤琴主办的鼓楼幼稚园借来桌椅和玩具,供孩子们玩耍,而且晚上还要开同乐会,给大家解忧,使他们暂时忘记眼前的苦难。

陶行知热爱儿童,热爱青年。对小朋友写给他的信,无论自己多忙,他总是看得很认真、很高兴。他时常说:"读儿童的信如同吃甘蔗一样,越吃越有味。"

当时社会黑暗,环境恶劣,有些青年由于失学、失业或遇到其他不如意的事,精神上经不起挫折和打击,感到前途渺茫,丧失生活的勇气和信心,往往只身到晓庄附近的燕子矶头投江自尽。

陶行知油然而生怜爱之心,请人专门做了两块醒目的标语牌,竖立在燕子矶头的危险处,一块亲笔题了三个大字:"想一想"。下面写着警句:

人生为一大事来,应当做一大事去,你年富力强,有国当报,有民当爱,岂可轻生?

另一块上题了"死不得"三个大字,下面写着:

死有重于泰山,死有轻于鸿毛。你与其投江而死,何如从事乡村教育,为中国 3.4 万万农民努力而死!

向他们进行规劝教育。

在陶行知的启发下,一些企图投江自杀的青年觉悟过来,投身革命。陶行知挽救了不少青年男女的宝贵生命。生活教育理论,不论在教学目的、教学方法、教学管理、教与学等方面的主张和做法上,彻底摧毁了旧的传统教育,晓庄师范在当时成为中国乡村教育的一盏指路明灯,是一面乡村教育运动的大旗。

后来,在学校方圆10千米内的村庄里,一个个乡村中心小学像雨后春笋般破土而出。这些中心小学的校长和老师,正是晓庄师范学校毕业的学生。陶行知的"教育版图"迅速扩大了。

晓庄师范学校以其革新精神闻名中外,吸引了许多人前去参观、访问、学习,甚至吸引了蒋介石、宋美龄夫妇两度前去。它的名声传到了国外,连泰国曼谷的华侨学校都到晓庄师范学校来聘请老师。陶行知当年在哥伦比亚大学求学时的班主任克伯屈教授也远渡重洋来到晓庄师范学校考察,并对这里的生活教育实践予以高度评价:晓庄师范学校必将在历史上留下地位,百年以后,大家还要回过头来纪念晓庄,欣赏晓庄!

对此,陶行知非常欣慰,他又确立了下一步发展宏图:

我们第一步要谋中国3.4万万农民之解放,第二步要助东亚各国农民之解放,第三步要助全世界农民之解放。

陶行知还诚挚邀请大剧作家田汉带领他的南国社来晓庄演出，田汉慨然应允。在寒冬腊月里，他们踏着三尺深的积雪，前往晓庄。半路上，运载道具的大车翻倒在沟里，大家用绳拉、用手推、用肩扛，好不容易才把车子推上大路，一身汗、一身泥、一身雪地到了晓庄。师生们在犁宫前搭起了临时舞台，南国社演出了田汉创作的《卖花女》《苏州夜话》《湖上的悲哀》等节目，学生和农民们看得如醉如痴。

陶行知受此启发，遂带领大家成立了"晓庄剧社"，亲自担任社长，自己写剧本并和学生们一起彩排表演。他还带领着晓庄剧社到镇江、无锡、上海、杭州等地演出，颇受好评。

陶行知在创办晓庄师范学校的过程中，曾感慨道：

> 教育的计划、方法都是次要的，那超过一切的条件，是同志们肯不肯把整个的心都献给乡村人民和儿童，真教育是心心相印的活动，唯独从心里发出来的，才能打到心的深处。

在母亲60大寿那天，陶行知在南京专门给在北京的母亲写了一封信：《送给国家的寿面》。信中说：

> 儿从母亲寿辰立志，决定要在这一年当中，于中国的教育上做一件不可磨灭的事业，为吾母庆祝，并慰父亲在

天之灵。儿起初只想创办一个乡村幼稚园,现在越想越多,想把中国全国乡村教育一齐都要立它一个基础。儿现在全副的心力都用在乡村教育上,要叫祖宗及母亲传给儿子的精神,都在这件事上放出伟大的光来。儿自立此志以后,一年之中,务求不虚度一日;一日之中,务求不虚度一时。要叫这一年的生活,完全地献给国家,作为我父母送给国家的寿面,使国家与我父母都是一样的长生不老。

在兴办学校的同时,陶行知并没有忘记关心时事,关心祖国的命运。1927年蒋介石发动"四一二"政变,屠杀共产党人和革命群众。陶行知对蒋介石的倒行逆施深恶痛绝。他在《新教育评论》上刊出两则重要启事,讨告天下,悼念为革命牺牲的烈士。

1928年5月,正是白色恐怖最严重的时期,陶行知在全国教育会议上提出一个提案,明确表示马克思的学说"有超越之见解",主张科学的社会主义也可以在中国实验。1929年初,陶行知做了题为《完于一》的讲演,旗帜鲜明地拥护孙中山的"新三民主义",抨击国民党反革命派。

陶行知指出:"只有真的三民主义才能救中国。""真的三民主义只有一本,只有中山先生所遗留的一本,其余什么解释都是假的,都是靠不住的。"他还以是否"为民众办有益的事"、

是否"为民众解除痛苦",作为衡量真假三民主义信徒的标准。

在晓庄师范,陶行知实行了兼容并包的办学方针,容纳各党派人士在校内活动。中国共产党鉴于陶行知的办学方针有利于开展革命活动,陆续派遣党团员到晓庄师范学习和工作。

1928年夏,在中共南京市委的领导下,建立了中共晓庄学校地下党支部和共青团支部,刘季平任党支部书记,徐明清任团支部书记。陶行知对革命青年十分爱护,积极支持他们的革命活动。

1930年1月,中共晓庄学校支部联络南京其他学校的党支部,动员数百名师生在晓庄召开南京中国自由大同盟分部的成立大会,陶行知主持大会并宣读了《中国自由大同盟宣言》。

这时候,南京发生了和记洋行的中国工人无端被英国人打骂的恶劣事件,晓庄师范学校的全体师生为了抗议这种暴行,举行了大型的游行示威活动。这本来是维护中国人尊严的正义事件,但是此时蒋介石正忙于争夺权力的"中原大战",蒋介石的对手正是和陶行知有过私交的冯玉祥。蒋介石认为陶行知此时的游行示威是响应冯玉祥反对自己的行动。

1930年4月,开办3年的晓庄师范学校被蒋介石以培养闹事学生为由密令停办。陶行知得知此消息后悲愤交加,立即撰写了实际是"中国革命教育的檄文和对法西斯政治的讨伐书"的《护校宣言》,他抗议道:

晓庄的门可封,它的嘴不可封,它的笔不可封,它的爱人类和中华民族的心不可封。

这次当局断然以迅雷不及掩耳的手段停办晓庄学校,远因近因虽多,归总起来只是因为我们不肯拿人民的公器,做少数人的工具,不肯做文刽子手,去摧残现代青年之革命性。

国民党当局要陶行知开除闹事的学生,交出共产党员名单。而陶行知坚决拒绝反动当局的无理要求,并积极支持学生的正义斗争。

1930 年 4 月 13 日,南京卫戍司令部发出勒令解散的公告后,随即派数百名武装军警包围了晓庄师范学校。他们一个个端着上了刺刀的步枪,从两边向学校包抄过去。他们谎说已接到上级的命令,晓庄聚众千余,有枪数百支,准备武装暴动,将包围歼灭之,如有反抗,格杀勿论。

晓庄师范学校一片肃杀之气,军警占领了晓庄师范学校,并逮捕屠杀革命学生,更以“勾结叛逆,阴谋不轨”的罪名将陶行知列为国民政府的通缉要犯。陶行知为之奋斗了好几年的晓庄师范学校,就这样被毁于一旦。

当晚,陶行知被迫离开晓庄,秘密逃往上海。不久,他又得到消息:妹妹文渼不幸病故,妻子也得了重病。这对原本已经一无所有的陶行知无异于雪上加霜。

在国民党反动派查封了南京晓庄师范学校之后,师范附属小学也被迫停课。附小的同学们自发办起了"儿童自动学校",由学习好的学生当老师,连校长、工友也由学生担任。整个学校秩序井然,书声琅琅。

对此,陶行知写了一首诗来称赞:

　　　有个学校真奇怪,大孩自动教小孩;
　　　七十二行皆先生,先生不在学生在。

同学们都很高兴受到了陶先生的赞扬。可是,有个年仅八九岁的小学生却找到陶行知,毫不客气提意见:"照先生的写法,我们学校算不上'真奇怪'。"

陶行知一点儿都不生气,反而和颜悦色地问:"小朋友,你只管说,我的诗错在哪里呀?"

那孩子指着第二行说:"小孩就不能教大孩吗?我们学校里,就有年小的成绩好,做大龄同学老师的。要是像先生写的只是'大孩自动教小孩',有什么'真奇怪'?"

"说得对,说得对。"陶行知诚恳地认错检讨说,"小朋友,非常感谢你的指正,我马上就改。"说完,把"大"字改作"小"字,成了"小孩自动教小孩"。然后又问:"这样改行不行?"

那孩子咧嘴笑了:"先生改得真快真好!"

这年夏天,逃亡上海的陶行知强忍着内心的痛苦,为了自己钟爱的教育事业和伟大理想,他和来到上海的晓庄师范学校的师生们举行了系列座谈会。这个座谈会的主题是总结晓庄师范学校过去4年的教学工作经验和商定以后的对策。

在会上,大家畅所欲言,提出了三种意见:

> 一部分人提议停止办学,到农村去发动广大的群众来开展基层斗争;一部分人主张联合知名人士和政府交涉,以求恢复晓庄师范学校;还有部分人主张不应该废弃辛苦经营的教育果实,而应在其他地方继续兴办晓庄式的学校。

经过激烈的讨论,大家通过了第三种主张,陶行知为此写信给冯玉祥和熊希龄等人,还派人去北京活动。

在这次座谈会上,陶行知还提出了一个著名的观点:

> 我们是实际的革命者,我们已经打了一回仗,但我们没来得及回敬对方,就溃败下来。我们今后不能坐在书房里计划或理想些什么,也不能再一点一滴地从一个村一个乡来做试验了。中国革命要成功,非3.4万万农民起来不可。

他的这个观点和中国革命取得成功的理论完全契合。但

是,这种理论还未经实践,国民党政府就派人去上海追捕陶行知。被逼无奈的陶行知,只好在内山完造等人的帮助下去日本避难。在日本,他又到处考察,了解日本的教育情况,并参观日本的工业。

在日本将近一年的科学考察使陶行知大为震撼。通过对日本的考察,陶行知得出结论:

日本之所以发达,是强在它们的科学。

后来,陶行知不顾个人安危,毅然返回祖国,发起了轰轰烈烈的"科学下嫁"运动。他期望通过教育这种手段,以最通俗易懂的语言为最广大的老百姓介绍科学知识。

第三章

中年时期

发明推广"小先生制"

20世纪30年代初期,在国民党的白色恐怖笼罩下,中国共产党上海中央局被破坏殆尽。是时,异军突起,出现了一批共产主义者,不遗余力地宣传共产党的救国主张和共产主义的世界观。陶行知就是其中杰出的代表之一。

1931年3月,陶行知从日本回国,悄然住进上海法租界,并应《申报》报馆经理史量才之聘,秘密担任《申报》总管理处顾问。

担任顾问之后,陶行知为《申报》的革新出力颇多。有关办好《申报》的大政方针,他向史量才提出三项建议:

> 一是《申报》言论态度必须鲜明,尤其是每日一篇社论实为报纸灵魂,必须精心撰写;二是增辟"读者通讯",刊登读者来信,倾听人民自己的声音,以利于发扬民主,使《申报》真正成为人民的喉舌;三是副刊必须和《申报》整体密切配合。

这三项建议均被史量才采纳。

为推动革新,陶行知还向史量才引荐人才,介绍李公朴主

持《申报》流通图书馆并创办《申报》业余实习学校,支持黎烈文主持《申报》副刊《自由谈》的编辑工作。

他同时还参与筹备出版《申报》丛书,约请知识界进步人士撰稿。《申报》有关重要社论、时评的发表,陶行知均参与讨论决策。此后的一段时期内,《申报》旗帜鲜明地支持进步势力和救亡运动。

1931年6月,蒋介石置"攘外"于不顾,而倾全力于"安内",发动对红军的第4次"围剿"。此时,史量才与宋庆龄、杨杏佛、陶行知、黄炎培等分头商谈后,一致认为《申报》应对此表示鲜明的立场,即坚决反对蒋介石的"剿共"政策,主张实行民主,共同抗日。

史量才又专门约陶行知做了一次彻夜长谈,当场拟定若干要点,组织专人写成文章,再由陶行知修改完稿。修改时,宋庆龄也在场,并提出修改意见。最后以《剿匪与造匪》《再论剿匪与造匪》《三论剿匪与造匪》为题,以时评形式,分别在1931年6月30日、7月2日和7月4日的《申报》上发表。

由于《申报》在舆论界执牛耳的特殊地位,这3篇文章具有十分明显的舆论导向作用,引起当局的惊恐,蒋介石亲批"申报禁止邮递"的手令,《申报》因此被禁邮长达35天之久。

从1931年9月2日开始,陶行知以"不除庭草斋夫"为笔名,在《申报》副刊《自由谈》上开辟"不除庭草斋夫谈荟"专栏,逐日刊发时评文章。到次年1月31日止,一共发表时评文章

104 篇。在"九一八"到"一·二八"这一重大历史时期内,陶行知凭借观点鲜明、文笔犀利的时评政论文字,充分展示自己的政治立场和政治态度。

时评中的许多篇章,猛烈抨击了国民党当局的反动政治。《颠倒的逻辑》一文,痛斥蒋介石的"攘外必先安内"的国策和孙科的"救国必先救党"的谬论,直言这是由于逻辑的颠倒而导致国事的颠倒,力主把颠倒的事情再颠倒过来,并针锋相对地提出了"安内必先御外,救党必先救国"的主张。

《军阀的镜子》一文,则揭露那些僭主自立而又开门揖盗的新军阀们的嘴脸:"压倒主人自做主,挥霍兵饷如粪土。强盗进门不抵抗,主人赶贼他不许。"

1932 年 2 月,国民党特务在上海炮制了一个所谓《伍豪等二百四十三人脱离共产党启事》。《申报》在陶行知的影响下,接受中共地下组织的安排,采取巧妙而有力的辟谣措施,使国民党反动派的阴谋全部破产。

20 世纪 30 年代前期,陶行知在政治上开始迅速进步的同时,在教育理论上也有了更进一步的发展和开拓。陶行知择定了自己以后的政治航向和教育目标,开始把教育的命运与民族的命运联系起来,进行更加深入的探索。

1931 年,41 岁的陶行知在上海创办了"自然科学园"和"儿童科学通信学校",并和当时的教育家丁柱中、高士其等人编辑了《儿童科学丛书》《大众科学丛书》,他还特地创作了《儿

童之歌》《乌鸦歌》等儿童书籍。

在《儿童之歌》中,陶行知提倡儿童要做"小盘古""小孙文""小牛顿""小农人""小工人",并且要"开辟新天地""打倒帝国主义",要"造富的社会,不造富的个人",其崇尚科教的思想跃然纸上。

1932年的一天,陶行知在做电池试验时深受启发。他发现以往的教学方法有一个重要缺点,就是没有把行动和思想连接起来,这就像没有用铜丝把电池的正负极连接起来一样,其结果肯定是发不出电流。于是,陶行知"教学做"合一的教学思想全程被贯通起来了。随后,他创作了脍炙人口的《手脑相长歌》:

> 人生两个宝,双手与大脑。
>
> 用脑不用手,快要被打倒。
>
> 用手不用脑,饭也吃不饱。
>
> 手脑都会用,才算是开天辟地的大好佬。

这首歌语言朴实,内容通俗,非常符合儿童的口语习惯,因此流传甚广,几乎无人不知、无人不晓。陶行知用这首诗歌,主张教育要同社会实际生活紧密相连,把"教、学、做"结合起来才能增长知识,这也是他教育思想的结晶。

1931—1935年,陶行知发表了《中华民族之出路与中国教育之出路》等探索中国教育出路和普及现代生活教育问题的论文数十篇。在这些论文中,陶行知从总结自己从事普及教育工作的经验教训入手,对普及教育问题和"生活教育"理论的性质做了更加系统的阐述,对传统教育做了更加深入的再批判。

陶行知把传统教育斥之为"少爷的手杖,小姐的钻戒,政客升官的梯子,书呆子的轮回麻醉的乌烟",提出要一改作为少数人的"奢侈品""装饰品"的教育,变成"每个人都能享受的阳光、呼吸的空气和饮用的甘泉"。

陶行知断言,用传统的"老法子"不可能在中国普及教育,要想在中国普及教育,一是必须"把国情看准",二是必须"把传统教育看破",三是必须"把大众的力量看清"。他主张在中国普及现代生活教育,把普及教育运动的目标重新规定为:教时代落伍的人一起赶到时代的前线来,做一个与时代俱进的现代人。

在深入探索的基础上,陶行知找到了一种在中国普及教育的符合时代需要的新形式,并且投入了新的教育实践,那就是创办工学团。从1932年起,他先后创办了山海工学团、晨更工学团、劳工幼儿团等。同时发明并推广"小先生制",成立中国普及教育助成会,开展"即知即传"的普及教育运动。

在山海工学团成立初期,农民的孩子有了读书的地方,烧香拜佛的红庙成了教室。可是孩子们没有合适的桌椅,他们

自己带的凳子高低不一。

后来，陶行知请来了木匠师傅做凳子。看见师傅忙得满身是汗，陶行知就递给他一杯水，说："我们不是请你来做凳子的。"

木匠感到疑惑不解："那叫我来做什么？"

"我们是请你来做'先生'的。"

"我可不识字。"木匠有点不知所措。

陶行知笑了，说："我是请你来指导学生做木工的。你如果教会一个人，就可得一份工钱。如果一个也没教会，那么就算你把凳子全做好了，还是一文工钱也得不到。"

木匠显出为难的样子。陶行知亲切地说："不要紧，你不识字我们教你。我们不会做木工，拜你为先生。我第一个向你学。"陶行知说完拿起一把锯，对准木板上划好的线就锯起来了。

场地上摆着一些木匠工具，老师带着孩子们来学做凳子。一个孩子嚷着："我们是来读书的，不是来做木匠的。"一个大人看见工具很容易弄破孩子的手，也皱着眉直摇头。这时，陶行知笑着读了打油诗《手脑相长歌》给大家听，孩子们都拍手说好，那个大人也不好意思地笑了。

从此，孩子们每天都学做凳子，并且也当"小先生"，教木匠师傅识字。3个月后，教室里的50个孩子都有合适的凳子了，讲台上还有孩子们自己制作的一些玩具和仪器。而家长们围在外面,信服地点头叫好。

在讲台前,陶行知又念起了一首刚写好的诗:

> 他是木匠,我是先生。
>
> 先生学木匠,木匠学先生,
>
> 哼哼哼,我哼成了先生木匠,
>
> 哼哼哼,他哼成了木匠先生。

孩子们看看坐在他们身边一起听课的木匠,大家都笑了。

这个时期,还有一个关于陶行知教育理念的著名故事。1932 年暑假,原晓庄学校的生活指导老师张宗麟,邀约戴自俺一起去广西桂林师范工作,戴自俺立即欣然同意。几天之后,陶行知对戴自俺说:"现在河南需要一个人,你愿意去吗?"

"到河南去干什么?"

"一所省立省乡村师范要请我们派一位晓庄同志去担任研究实验部主任。原是请张宗麟先生去的,可他将去广西。我的意思,你去河南怎么样?"

戴自俺认为跟着张宗麟去广西比较省力,便不加考虑地拒绝了,说:"我想,能再跟张先生学习一段时间,对我比较合适。"

"科学家是分开来,他去广西,你去河南。"陶先生耐心地说。

戴自俺还是不太愿意,他低头想了一下说:"一个人单枪匹马地干有胆怯,我干不了,还是请张先生带我一段时间为好。"陶行知笑了:"原来你是想着大树底下好庇荫呀!"

戴自俺说:"正是。我想先跟张先生学几年,再自己单独去闯。现在我可不敢一个人去干,一定干不好。"

听完,陶行知沉默了一会儿,忽然指着窗外说:"你看,那边有两棵树。"戴自俺顺着陶行知的手,看见不远处的山坡上有一株高大的楝树,坚实挺拔,在晚霞中尤显得英气勃勃。在大树的下边,有一株被笼罩在楝树的浓荫之中的小树,显得苍白瘦弱,一副可怜的样子。戴自俺不明白陶行知的意思,用疑惑的目光望着这两株截然不同的树。

陶行知说道:"这棵小树躲在大树底下,阳光、水分、雨露都受到一定的限制。大树底下,小树是生长不好的。同样一棵树,小树没有一块自由生长的土地,就显得多么苍白无力!"他停了一下,深情地望着自己的学生小戴,继续说:"把这棵小树从大树的阴影下移出来,换一个地方栽,它也会长成参天大树!"

戴自俺听了若有所悟,他明白了陶行知的良苦用心,是为了让自己能独当一面地去接受锻炼,在实际工作中培养自己独立工作的能力。但是,他还是觉得没有十分把握。

于是,他又有些犹豫地问陶行知:"这样重的担子,您看我能行吗?"陶行知拍拍戴自俺的肩膀,进一步鼓励他说:"我看可以。你忘了吗？天赋两个宝，双手与大脑。宁做农与工，联合辟荒岛。晓庄同志应该有这种开疆拓土的精神！"

陶行知越说越兴奋："去吧，你大胆地去吧！我们的同志，只要有一个人到了一个新的地方，就会出现一个新的晓庄。晓庄的种子一定会撒遍全社会！"

离开上海那一天，戴自俺去向陶行知告别，想再听听老夫子的"临别赠言"。陶先生笑笑说："没有什么可说的了，这里有一首新写的诗《水铭》，送给你参考吧。"戴自俺将诗接过来看：

> 杯方水方，杯圆水圆。可以穿石，可以灌田。
> 分出氢焰，化铁之坚。会合众川，白浪滔天。
> 居高临下，马力万千。流血流汗，开新纪元。

就这样，戴自俺带着这首寓意深刻的诗，带着陶师的殷切期望，离开了上海，奔赴河南百泉，走上了乡村教育的道路。

关于"小先生制"，陶行知后来在《纵谈战时各种教育问题》一文中谈道：

> "小先生"是儿童向别人传授知识的一种形式。"小先生制度"的出现有个过程。最初是学校里的小孩自愿地帮助他们家里的人和邻居去学自己刚学到的知识，随

后街道上的小孩也将所学的知识传递给他们的朋友。

"小先生"首次给人的启示，是在 14 年前。当时我的母亲 57 岁，她突然产生了学习的兴趣。她要求念我给家里写的信，并且想了解世界上发生的一些事情。那时唯一可能帮助她学习的老师，是只有 6 岁的我的第二个孩子，他已读完第一册课本。祖孙二人一块游戏和念书，一个月内，我的母亲学完了第一册。

这件愉快的事情并未引起我们全家以外人的热情关注，但事实说明，一个 6 岁小男孩没有师范学校文凭，也没有高等院校毕业证书，居然成功地教一位五十多岁的老祖母读完了第一册课本，这给了我一个非常深刻的启示，也便萌生了"小先生"的念头。

陶行知为工学团确定的宗旨是"工以养生，学以明生，团以保生"，目标是普遍施行军事、生产、科学、识字、运用民权和节制生育六大能力的培养，以增强工农大众生存、战斗的活力，并唤起他们抗日救国争取民权的觉悟，把"生活教育"纳入抗日救亡运动的轨道。

这一时期，陶行知创办的各种教育社团，隐蔽了一批共产党人，其中他的学生刘季平、张劲夫、王洞若、徐明清等都是共产党人。

对于这些共产党人，他非常自觉地给予关心和爱护。他曾经当着学生们的面,声称自己乐意做保护青年共产党人的"篱笆"。他还利用自己广泛的社会关系和较高的社会地位,大力营救遭国民党逮捕的共产党人和进步人士。

1932年,"教联"负责人刘季平被捕后,陶行知在短短的4个小时内,便筹措500块银圆,代请律师出庭为刘辩护,使其幸免被害。当"教联"的中共地下党员徐明清被捕后,他巧作安排,三次派人去苏州监狱送寒衣。对关在漕河泾监狱已被判刑的陆维特和张敬仁这两个共产党员学生,他每年都要张劲夫和王洞若设法送去钱、衣、物。

这一时期,陶行知也受到中国共产党人的直接帮助和影响。"文委"成员田汉,很早就开始与陶行知密切接触,介绍陶行知阅读英文版的马克思、恩格斯的著作,如《资本论》《共产党宣言》等,还派"剧联"的田源到晨更工学团帮助工作。

1934年,钱俊瑞到上海参加"文总"的领导工作后,也一直很注意做陶行知的工作。他曾与陶行知、曹亮等人组织了一个秘密的外围组织苏联之友社,团结爱国进步人士,开展革命活动。从这时起,陶行知开始接受"文总"的直接领导。

陶行知曾参加"文总"召集的工作会议,听取过江西苏区来人所作的关于苏区情况的报告。在陶行知身边工作的一些年轻的共产党人,既是他的学生,也给予他很大的帮助和影响,他也长期依靠这些共产党人开展生活教育运动。

1933年5月,陶行知和蔡元培、陈望道、李公朴等人共同

发起组织马克思逝世50周年纪念大会,专门宣传马克思和提倡研究马克思主义。5月14日,上海市青年会举办科学社会主义讲座,尽管到处布满暗探,陶行知依然毫无畏惧地赴会。

次日,晓庄学校在沪学生集会纪念创校日,陶行知到会讲话,并为自己在晓庄时期创作的、以"革命的成功靠锄头"为基调的《锄头舞歌》,增写了一段歌词:

光棍的锄头不中用呀,联合机器来革命。

陶行知后来说:"《锄头舞歌》之所以赶得上时代的精神,更重要的还是后头这一段。"

此后,《新锄头舞歌》广为传唱,成为时代的强音。

1933年的10月,"山海工学团"成立一周年之际,"工学团"倡导的"即知即传"的观点已得到了社会的肯定。"山海工学团"在无锡、南京等地得到了广泛的发展,这使得陶行知备受鼓舞。就在他为"工学团"取得的成绩高兴的时候,他的母亲去世了。陶行知得知这个消息后号啕大哭,急忙赶回家奔丧。

陶行知非常感激母亲的养育之恩,但在丧事的办理上,他依然坚持节俭原则,草草办理了母亲丧事,为"工学团"节约了一笔资金。办完丧事后,他又返回"工学团",决定更加积极地兴办融入工人阶级的工学教育。他在给朋友的信中写道:

我们必须聚精会神地创造出一个真正工人的幼儿工学团。这事虽然由我们发动，但主体是工人，管理权须在一年之内转移到工人的手中。

这时期，陶行知在参与政治活动和教育实践中，开始认识到工农联合起来，共同反对帝国主义、封建主义的重要性。他的教育视野开始向工人扩展，并深入沪东、沪西工人地区创办工人夜校，他经常接近工人，和工人交朋友，在工人中间开展生活教育运动。

从1934年起，陶行知热心于推广"小先生制"。"小先生"成了普及教育和宣传抗日救国的一支生力军。当时出现在江淮大地、后来闻名中外的新安旅行团，就是把"小先生制"运用于抗日救国运动的一次伟大实践。

指导建立新安旅行团

新安旅行团是在陶行知的积极支持和直接指导下建立的。

1929年6月6日，陶行知在江苏省淮安县创办了新安小学。陶行知亲自兼任校长，每月向学校资助50元经费。新安小学建校时，陶行知正在晓庄召开乡村教育同志会。当时，他

在赠给新安小学的祝词中写道：

> 六月六,有笑也有哭,
>
> 江南失保姆,江北生娃娃。
>
> 六月六,有书莫呆读,
>
> 呆读成呆子,不辨稻粱粟。
>
> 六月六,用书如用斧,
>
> 开辟新天地,众生好安乐。

陶行知派了几个学生去苏北农村开疆拓土,做一种新的教育试验。陶行知教育他们要树起新教育的旗帜,和旧的传统教育奋斗;要在教育上革命,进而办一种革命教育。

1932年,新安小学选了一批家庭最困难的10~16岁的学生,作为学校基本学生,即学习、劳动、住宿均在校,免费供给衣食。为了实践陶行知"生活即教育,社会即学校"的教育主张,新安小学7个基本学生,于1933年10月组成了"新安儿童旅行团",走向社会,到上海去旅行学习,还发表了《宣言》和《告全国小朋友书》。

陶行知对7个小孩在生活上关怀备至,在活动上更是亲自安排,精心组织。7个小孩在上海生活了50天,采用卖书卖报、演讲、唱歌、劳动等办法,自筹经费,先后参观了帝国主义在上海的租界、银行、工厂、跑马厅、跑狗场,以及五卅惨案的南京路、"一·二八"淞沪战场旧址。

他们穿着草鞋,打着旗帜,闯进了沪江、光华、大夏等豪华的大学学府,登上讲台,对大、中学生进行爱国演讲,唱起《锄头舞歌》。他们还到工人家和平民区,了解劳动人民疾苦。

陶行知亲自带他们参观平民教养院,逢人便说:"他们7个人是自动到上海来,他们'读活书,活读书,读书活',参观平民教养院就是读平民教养院一课。"

陶行知称赞这次实践是"新时代无价之宝,使福特、摩尔根辈见之,未免有小巫见大巫之感"。他还作诗歌颂:

> 一群小光棍,数数是七根。
>
> 小的十二岁,大的未结婚。
>
> 没有父母带,先生也不在。
>
> 谁说小孩小? 划分新时代。

陶行知还用自己母亲的人寿保险金买了一台电影放映机,赠送给旅行团的孩子。陶行知为旅行团提出的任务是:一边宣传抗日救亡,一边学习,一边工作,如放电影、卖书报等,自己养活自己,还要一边当小先生,普及教育。

新安小学从成立到抗日战争爆发,学生从50多人增加到百余人,佃农、贫农、小手工业者及店员的子女占绝大多数。学校不仅培养当地劳动人民的子女,而且还保护和培育了革

命的后代。

关于教育的目的、方法，陶行知曾说：

> 我不是办天才教育，我办的是人才教育。按照每个学生的特长、才能、爱好，对他们提出一定的要求，加以定向培养，进行因材施教。
>
> 这些"人"才在正确指导下经过"一"番努力，就转化成"大"才（"人"字上加一横——"大"）。
>
> 对"大"才再进行深入的诱导，学生们自己再出"一"身力，流"一"身汗，"一"定时间之后，"大"才也就成为"天"才了（"大"字上加一横——"天"）。
>
> 真正的天才是师生经过共同的教学实践活动，不间断地乐教乐学培养出来的。若能为国家、为人民培养几个"天"又有什么不好呢？

新安小学成立的第二年，有一个湖南籍的 8 岁男孩左义华入学，他的父亲便是革命者。陶行知诗中所说的"小的十二岁"，就是指当时的左义华。

1934 年，一个只有 6 岁的小女孩，外号叫"猫姑娘"的张苏云，在新安小学上小班。她本姓项，不姓张，是新四军政委项英同志的女儿。

1935 年 10 月 10 日，新安小学在中共地下党和陶行知的支持下,组成了"新安旅行团",团员除原来"新安儿童旅行团"的 7 个同学外,又增加了 7 个同学,共有 14 名基本学生。汪达之老师担任顾问,为宣传抗日救亡,新安旅行团开始了全国旅行。

全团只带了募集的 50 元经费,以及放映机、电影片、进步歌曲唱片、发电机等宣传工具和地图、资料。这些工具大部分由陶行知设法筹措,其中的放映机、发电机,就是陶行知利用他母亲 1000 多元人寿保险费中的部分款项购买的。

旅行团携带的当时在上海禁演的《一·二八浴血抗战纪录》《民族痛史》《抵抗》等三部电影,是联华电影公司提供的。第二年 7 月。"新旅"到达上海,冼星海、任光、孟波、吕骥亲自教旅行团的孩子们唱歌,讲授音乐知识。

田汉也专门为"新旅"作了"团歌":

> 同学们,别忘了,我们的口号:"生活即教育,社会即学校。"拼命地工作,拼命地跳,一边儿学习一边儿教,别笑我们年纪小,我们要把中国来改造! 来改造!

"新旅"巡回放映电影,推销进步书报,结合演讲、歌咏,宣传抗日;同时响应陶行知的号召,在各地推广普及教育和小先生运动。陶行知称"新旅"是"民族的小号手",对他们经常用书信进行鼓励和指导。

陶行知出访海外各国前,还专门找"新旅"小同志录制了《新安旅行团团歌》《新安进行曲》《锄头舞歌》等唱片,带到国外,在美国芝加哥、旧金山、纽约等地的华侨中播唱,三个城市的华侨都会唱这三支歌。

"新旅"的事迹经过宣传后,不少华侨感动地说:

> 祖国的小朋友都这样热心抗日救国,我们更应该有钱出钱,有力出力,为祖国贡献一份力量。

1937年,"新旅"代表上海文化界赴绥远慰问抗日将士,接着又赴西北向蒙、回少数民族宣传抗日。1938年,在周恩来、郭沫若、田汉等同志的关怀和直接领导下,"新旅"同其他20多个演剧队、电影队、宣传队及儿童剧团一道,开展了大规模的抗日宣传活动,参加了保卫大武汉的活动。

10月10日,"新旅"成立3周年,邓颖超同志和刚从国外回来的陶行知参加了庆祝会。12岁小团员当主席,尊称陶行知为"大老师",请他讲话。陶行知首先说他不是"大老师",他是主张向学生学习的,他幽默地笑着说:"我不是'大老师',我是'大学生'。"

陶行知认为"新旅"有如此成就,仍是不够的。他说:"假如追求真理的话,还只是抓住了它的尾巴,必须继续抓住而骑到它的背上去!"陶行知的话引起儿童们一阵阵的笑声。陶行知当场还朗诵了《祝新安旅行团 3 周年纪念》的长诗，其中"干一干"一段中写道：

干一干，团结起来要真的干；

干一干，只有汉奸才假干。

你不信吧？三万里路跑回来呀！保卫大武汉！……

"新旅"搞宣传工作，非常认真，十分热烈，部分团员直到武汉失守前两天才撤退。陶行知特地写诗称赞他们：

人从武汉散，他在武汉干。

一群小好汉，保卫大武汉。

皖南事变后，周恩来同志指示"新旅"分批从桂林经香港和上海，由地下党护送转移到苏北根据地，并电告新四军陈毅军长，把"新旅"交给他领导。此时，"新旅"已发展壮大到 100 多人，足迹遍布 18 个省市。

新安旅行团的创立和发展，充分证明了陶行知对儿童教育的重视和培养人才必须从小抓起的道理。

开展国难教育运动

九一八事变后,日本吞并了中国的东北,之后又继续侵略华北,妄图消灭中国,中华民族面临着最严重的民族危机。在这种形势下,1935年8月1日,中国共产党驻共产国际代表团以中共中央和中华苏维埃中央政府的名义发表了名为《为抗日救国告全体同胞书》的宣言,这就是著名的《八一宣言》。

中国共产党的《八一宣言》一经发表,就在北平、上海等大城市迅速传播,然后很快传遍全国。许多学生谈到这个宣言后,"如濒临死亡的人突然获救一般,高兴得夜不成寐""觉得政治上有了方向,目标明确,行动更坚决了"。

在《八一宣言》的感召下,身在上海的陶行知也积极投身抗日救亡运动。他主张"停止内战""共赴国难",成为上海救国运动和国难教育的领袖之一。

1935年12月16日,陶行知发表《两天内两大洲上的民族革命》一文,高度评价"一二·九"运动的重大意义,指出:"'五四'学生运动只是对国贼反抗,这次北平的学生运动是对汉奸和帝国主义的双层反抗。"

稍后,陶行知发表了题为《十二月运动与五四运动》的重要文章,从分析"五四"到"一二·九"运动历史发展的特点着

眼,论述了他对新的历史时代的认识。他指出,十二月运动和
五四运动相比较,有六个根本不同的特点:

一是五四运动是德谟克拉西——即"民主"——向
旧礼教斗争,现在则是社会主义与法西斯主义对垒。

二是"五四"和"一二·九"运动都要打倒卖国贼,
但五四运动没有提出打倒帝国主义的口号,而现在打倒
帝国主义已"成了中华民族解放十分明确的目标"。

三是"一二·九"运动的参加者有了更高的觉悟,"勇
敢精神比起'五四'来是起了质的变化"。

四是五四运动"是得了大商人的拥护",而"现在学
生运动的后盾则是中国被压迫的大众","不但学生要知
道自己的使命是唤起大众,而且大众也要知道自己是民
族解放的主力"。

五是五四运动提出"民主"与"科学",那时"科学"
只是"自然科学",现在的"科学"是"社会科学与自然科
学",确切地说是"社会科学高于自然科学"。

六是五四运动还是"小众的新文化运动",现在所酝
酿的是"大众的新文化运动"。

陶行知明确地指出了人民大众反帝反封建的新民主主义
革命和新民主主义文化运动的基本任务,以及青年学生和人

民大众相结合的方向。他所说的高于自然科学的社会科学，
显然是指具有指导意义的马克思主义的科学理论。

稍后，陶行知发表了《战斗》一文，阐述战斗对于民族生
存的意义，痛斥种种亡国的谬论。他写道：

> 黄金！美人！醇酒！大官！还有比这些麻醉力量更
> 大十倍一百倍的，是那些许许多多的歪曲理论：博爱！
> 爱敌！明哲保身！听天由命！等待50年！3天亡国论！
> 不抵抗主义！长期抵抗主义！一面交涉，一面抵抗主
> 义！武器不够，不能抵抗主义！10年生聚10年教训主
> 义！身体发肤受之父母不敢毁伤主义！
>
> 攘外必先安内、安内才能攘外主义！读书救国，科学
> 救国，教育救国，建设救国，币制救国，本位救国，英雄救
> 国主义等等！我们必须把这些有形无形的麻醉品一扫
> 而空，那伟大的中华民族的战斗力便如千军万马向前冲
> 来，谁能抵挡！

"一二·九"运动后的第三天，即1935年12月12日，陶
行知和马相伯、沈钧儒、李公朴、周建人等在上海发起救国运
动，发表《上海文化界救国运动宣言》。宣言由德高望重的97
岁老人马相伯领衔，来自教育界、新闻界、出版界、法律界、文
学界、电影界、戏剧界等328位文化界的知名人士，在宣言上

签名。

这个宣言提出了八项抗日救国的主张,要求当局坚决否认一切有损领土、主权完整的条约和协定,出兵讨伐冀东及东北叛国组织,严惩一切卖国贼并没收其财产,用全国的兵力和财力一致抗日。

12月27日,上海文化界救国会成立,陶行知当选为执行委员兼教育委员会主任委员,具体主管教育界的救亡运动。救国会发表第二次救国运动宣言,再次提出8项抗日救国的主张。上海人民的救国洪流一浪高过一浪。

1936年1月28日,上海文化界救国会、上海职业界救国会、上海妇女界救国会、上海大学教授救国会等爱国团体,共同发起在市商会大礼堂举行的"一·二八"事件4周年纪念大会。公推马相伯、何香凝、陶行知等人组成主席团。

大会先由沈钧儒报告开会宗旨,次由青年歌咏团领唱《义勇军进行曲》和《一·二八纪念歌》,再由陶行知、李公朴、史良等人发表演说。当陶行知用热烈、悲愤的语调讲到"我们今天损失的国土,有现任行政院长蒋介石先生老家浙江省的28个大"的时候,群情激愤,当场高呼"打倒卖国贼""国人团结起来抗日救国"等口号。

会上,上海各界救国联合会宣告成立。会后,陶行知和沈钧儒等人,带领上海近万名群众步行20多千米,到宝山庙祭扫抗战死难烈士墓,呼吁团结抗日。在这次大会上,还通过了

筹备成立全国各界救国联合会的提案。

会后，陶行知便投入成立大会的筹备工作，参与大会宣言、政治纲领的讨论起草。纲领中的"教育"和"儿童"两个部分，就是由陶行知执笔起草的。

延安《解放日报》曾对作为救国会领袖之一的陶行知，做过中肯的评价：

> "九一八"后，他不仅积极地用他那生动的笔呼号抗日救国，而且在实践上，他和沈钧儒先生、邹韬奋先生等成立了人民救国会，组织和领导了全国人民如火如荼的救亡运动。

在国难当头、民族垂危之际，陶行知清醒地看到了时代赋予教育的使命，对教育的认识上升到新的高度。早在1931年，当日本帝国主义的魔爪向中华民族伸来的时候，陶行知就尖锐地指出：

> 若是一双眼睛望着弱小民族被人侵略，东三省被人夺走，小孩子被人撕掉，不教人民学些真武艺，偏偏还要学生们坐在讲台下死读书，像这样的教育便叫奴隶的教育、亡国的教育、灭种的教育。

随着形势的日趋恶化,在民族处于生死存亡的关头,陶行知特别强调充分发挥教育作为"民族解放、大众解放斗争的武器"的重要作用。从 1936 年年初起,他陆续发表《民族解放大学校》《国难教育方案之特质》《大众教育和民族解放运动》等重要文章,强调把生活教育运动和民族民主革命斗争密切结合起来。

陶行知指出,教育部通告里所说的"教育之生命即民族之生命"这句话,应当颠倒过来才是真理,即:"民族之生命即教育之生命",要"救教育之生命",必先"救民族之生命",主张教育要为"拯救民族"以使"整个民族起死回生"服务。

陶行知还指出,"民族之生命非'小众'所能救。国难教育的任务,是唤醒大众组织起来救国",大众教育要以当前这"非常的生活"即"民族解放、大众解放的战斗生活"为课程。

在《民族解放大学校》一文中,陶行知充满激情地宣称:

> 我们的民族解放的证书是用血写的,我们的民族解放事业是打出来的。我们所纳的学费不是金子银子,乃是我们的生命。我们所要得到的不是方块帽、漏斗袋,乃是万万年的整个中华民族之自由平等。

与此同时,陶行知发起组织国难教育社,拟定《国难教育方案》,开展国难教育运动。他为国难教育规定的目标非常

明确：

> 推进大众文化，争取中华民族之自由平等，保卫国家
> 领土与主权的完整。

他进一步强调：

> 只有民族解放的实际行动才是救国的教育。
> 为读书而读书、为教书而教书，乃是亡国的教育。

1936年2月23日，国难教育社召开成立大会。出席会议的不仅有教师、学生、教育界人士，还有工人、农民、商人、店员、科学家、艺术家、律师、宗教界人士、新闻工作者、出版工作者、文艺工作者等，大家一致推举陶行知为理事长，张劲夫为总干事。大会发表了由陶行知起草的宣言。宣言重申：

> 我们除了反抗敌人的侵略，无法获得民族解放；除
> 了流血，不会获得民族自由。

宣言疾呼：

> 警钟响了！危机迫在眼前了！从今日起，我们应该

总动员,奋勇地执行国难教育的工作,坚决地担负起国难教育的工作,争取中华民族的解放和自由。

1936 年 5 月,陶行知和宋庆龄、何香凝、沈钧儒等人又在上海发起成立了"全国各界救国联合会",他当选为全国各界救国联合会的执委和常委。6 月,陶行知与沈钧儒、章乃器、邹韬奋等人参与发起《团结御侮的几个基本条件与最低要求》的宣言,主张停止内战,建立抗日民族统一战线,共同抗日。

7 月,陶行知受救国会派遣,出访欧、美、亚、非等 28 个国家,奔走呼吁,募集资金,为中国人民的抗日救国活动摇旗呐喊。而与此同时,陶行知的结发妻子汪纯宜却孤苦伶仃地病死在精神病院。陶行知闻讯,热泪长流,自责不已。

7 月 15 日,这份由救国会四领袖沈钧儒、陶行知、章乃器、邹韬奋联合署名的重要文件,在各大报刊上公开发表,引起全国各方面的重大反应。事后,陶行知写诗一首以志感怀,题为《团结御侮文件》,诗曰:

大祸已临头,萁豆忍相煎。
摩登万言书,我名最先签。

8 月 10 日,毛泽东发表了《论团结御侮——复章乃器、陶行知、邹韬奋、沈钧儒四先生的公开信》,对《团结御侮宣言》

给予高度的评价。信中说：

> 我们认为这是代表全国大多数不愿意做亡国奴的
> 人们的意见与要求，我代表我们的党、苏维埃政府与红军
> 表示诚恳的敬意，并向你们和全国人民声明：我们同意
> 你们的宣言纲领和要求，诚恳地愿意与你们合作，与一切
> 愿意参加这一斗争的政派、组织或个人合作，以便如你们
> 的纲领与要求上所提出的一样，来共同进行抗日救国的
> 斗争。

这封公开信除了在国内发表外，还刊登在中国共产党当时在海外公开发行的机关报——巴黎的《救国时报》上。这一天是 1936 年 10 月 30 日。适时，陶行知正在巴黎，读了毛泽东的公开信以后，激动和欣喜之情溢于言表。

奔走各国，宣传抗日

1936 年 7 月到 1938 年 8 月的两年间，陶行知曾先后出席世界新教育会议、世界青年和平大会、世界和平大会、世界反侵略大会，并被推为世界和平理事会中国执行委员。

这两年，陶行知更多的是往来于欧、美、亚、非的各国各地,奔走呼号,或发表演说,或撰写文章,或参加集会,或访问侨胞组织,或联络国际名流,为宣传抗日救亡和推动抗日救国统一战线及国际反法西斯统一战线,不遗余力。

陶行知曾 5 次进英国。1936 年 7 月在英国伦敦,他出席了世界新教育联合会第 7 届年会。会上,他介绍了"小先生制"和中国的大众教育运动,受到热烈欢迎。

这次会议以探讨"如何用教育的工具去改变现实,创造新世界向前发展的条件"为主要议题,"教育是创造新世界的一种工具"的结论成了与会者的共识。

这一结论同陶行知的观点极其吻合。他在大会上特别报告了中国的新教育者,如何在艰难困苦中,用教育的工具改造中国的实践经验。他的报告博得了与会者的赞扬,印度、墨西哥、加拿大等国代表当场邀请陶行知到他们国家去访问和作报告。

陶行知曾 7 次进美国。1936 年冬,正当陶行知抵达美国时,中国发生了震惊世界的"七君子事件":全国各界救国联合会领袖沈钧儒、邹韬奋、李公朴、史良、沙千里、章乃器、王造时 7 人,在上海被国民党当局非法拘捕入狱。

陶行知则被列为通缉的"在逃犯""七君子"之外的第八人。身在美国的陶行知闻讯后,万分愤慨,立即为营救"七君子"多方奔忙。他一边向世界和平大会常务理事会写信呼吁,一边向自己的美国老师杜威和孟禄求援,促使杜威、孟禄动员

爱因斯坦、罗素等社会名流,联名通电蒋介石。

"七君子"被捕后,救国会的《救亡情报》号外刊登了7人被捕的消息,此后《立报》《大美晚报》等亦纷纷转载,"七君子"事件迅速传遍全国。宋庆龄、何香凝等16人又发起了救国入狱运动,积极营救"七君子"。在各方的努力下,"七君子"才最终被释放出狱。

陶行知到美国后,立即和美国的洗衣工会取得了联系,得到了洗衣工会的支持,他把宣传抗日的卡片放在洗好的衣服里进行抗日宣传。此外,他还带领留美学生团四处演讲,与旅美华侨取得联系,成立联络组织,负责国外联络与团结华侨抗战救国工作。

1937年的元旦,陶行知是在美国度过的。当天,他写了一首题为《倒退十年歌》的长诗,意在"追思以往,启示未来"。他把10年前的国共合作称之为"黄金时代"。他在诗中写道:

> 新年新岁,我愿倒退。
>
> 倒退十年,也不懊悔。
>
> 十年之前,要好十倍。

那个时候,"国共合作,样如姊妹。工农商士,联合军队。全民阵线,力量最伟。动员北伐,军阀崩溃。汉口租界,一天收回。内蒙无恙,满洲无伪。华北无私,冀察完备"。而今,"将

今比昔,地图破碎。对内残忍,对外下跪。汉奸升官,忠义有罪"。陶行知最后呼吁:

> 莫再徘徊,也莫流泪。
>
> 走错了路,赶快倒退。
>
> 退到生路,再向前追。

一位诗人和政治家的忧国之情跃然纸上。

陶行知在美国获悉,美国的军火商人与日本帝国主义狼狈为奸,把大批军火运到日本去。于是,他不顾风险,到洛杉矶等地,向美国的码头工人做宣传,揭露真相。码头工人觉醒了,发动了罢工,拒绝搬运军火。在洛杉矶5000人集会上,陶行知大声疾呼:

> 日本在中国杀死100万人的时候,有一半是美国军火商帮助杀死的!

他提议"凡是不愿做帮凶的人请站起来",所有人都起立,表达禁运的决心。这个活动造成了极大的反响,推动了美国禁止向日本运输军火原料的决心。

这个时候,日本军队为了全面占领中国,在不停地伺机寻找借口。1937年7月7日晚上,驻守在卢沟桥的日本军队没有通知中国方面,就在中国驻军附近举行"军事演习",并称有一名日军士兵失踪,要求进入宛平县城搜查。中国守军拒绝了这一要求,日军就向卢沟桥一带开火。中国守军第二十九军予以还击,震惊中外的"七七事变"发生。

陶行知曾 6 次进法国。1936 年 9 月 21 日,他在巴黎出席《救国时报》巴黎发行部举行的招待会,支持中国共产党停止内战合作抗日的政治主张,并即席赋诗颂扬《救国时报》,其中有如下诗句:

> 大报不像大报,小报不像小报,
> 主张国共合作,乃是救国之道。
> 大家要想救国,人人须看好报,
> 什么好报可看,请看《救国时报》。

他还将自己在国外的演讲费捐献给《救国时报》,支持这份中国共产党当时唯一一份在国外公开发行的报纸。

在巴黎,陶行知还特别考察了法国穷苦儿童和华侨子弟的教育情况。法国是一个重视国民教育的国家,但由于受到世界经济萧条的影响,包括巴黎在内的许多城市,失业工人越来越多,失学孩子的队伍也越来越大。

巴黎市政府为穷苦孩子开办暑期教育,免费供应午餐,使数千名失学儿童获得学习的机会。在考察中,陶行知看到,在一些放了假的学校里,热心的教师在给衣着破旧的穷苦孩子上课;在风景区和公园的草坪上,也有三五成群的孩子,或由老师领着唱歌,或席地而坐听老师讲课。

此情此景使陶行知激动不已。他从中获得启发,也让他想到那些连暑期免费教育也享受不到的中国贫苦儿童,心里感到难过和不安。在考察华侨子弟学校的时候,他建议学校自己编一套中文课本供孩子学习。

陶行知当场朗诵了一首自己写的题为《中国人》的小诗:

> 我是中国人,我爱中华国。
>
> 中国现在不得了,将来一定了不得。

并建议将这首小诗编到课本中去。他殷切希望华侨学校能对学生多进行一些长中国人志气、永远将祖国铭记在心的教育。

1937 年 8 月 27 日,陶行知离开美国去墨西哥。在墨西哥进行了短暂的抗日宣传后,又马不停蹄地返回美国。一回到美国,陶行知立即发出抵制日货的呼吁,他大声疾呼:"即使你买一块钱日货,那都是在帮助日本杀中国人!"

陶行知在写给后来的第二任妻子吴树琴的信中说:

> 有三件事情决定日本必败:一、中国的联合和持久

的抗战；二、日本国内民主力量的兴起；三、全世界各个国家对日本道义上的谴责和经济封锁。

在美国期间，陶行知还推动了一个重要的历史事件，即"五人宣言"。1937年12月12日，南京不幸沦陷，在这国难当头的时刻，陶行知代自己的老师杜威起草了给甘地、罗曼·罗兰、罗素和爱因斯坦的电报。两天后，"五人宣言"发表，他们一致支持中国人民的抗日战争，谴责日本军国主义的侵华战争和对中国平民的残忍杀害，并号召世界各国人民以实际行动制裁日本侵略者。

这5个人中，杜威是享誉世界的教育家，甘地是印度最伟大的政治家，罗曼·罗兰是法国伟大的思想家、文学家和社会活动家，罗素是英国哲学家、数学家、逻辑学家、历史学家，爱因斯坦是20世纪最伟大的科学家之一。"五人宣言"一经发表，就在世界范围内引起了巨大的反响，爱好和平的人们纷纷支持中国人民伟大的抗日战争。

山河破碎，生灵涂炭，旧中国到处是一片衰败的景象。在逃难的路上，在茫然不知所终的人流里，也有陶行知自己的孩子。当时，陶行知18岁的二儿子陶晓光带着13岁的弟弟陶城，沿着长江从上海逃到了武汉。17岁的三儿子陶刚则历经磨难，从家乡徽州翻山越岭，经广西、贵州等省，最终徒步到了重庆。

陶行知在写给陶晓光的信中说：

> 要把生命的火药装在大炮里对准日本帝国主义轰炸。倘若把生命的火药放在爆竹里玩掉或者是在沙盘里浪费掉，那真是太可惜了。

由这封信可见，陶行知对日本帝国主义的憎恨和对国家现状的痛心。自1938年4月起，陶行知又去西雅图、旧金山、华盛顿、波士顿、哥伦比亚、维多利亚等城市进行演讲和呼吁，大力宣传抵制日货和支持中国抗日战争的运动。

陶行知曾4次进加拿大。1937年7月30日晚，在美国洛杉矶医疗局举行的欢迎西班牙人民之友的宴会上，陶行知结识了加拿大蒙特利尔皇家维多利亚医院胸外科专家白求恩大夫。

充满着国际主义精神的白求恩大夫听说陶行知来自中国，紧紧地握住他的手，并表示自己对中国的抗日战争至为关注。陶行知向白求恩介绍了中国的抗日形势，希望得到国际友人的援助。

白求恩深受感动，当即表示："如果需要，我将愿意到中国去。"

1938年3月，当陶行知第4次访问加拿大时，白求恩已率领医疗队奔赴中国革命根据地延安，在抗日烽火中抢救中国

的伤员了。听到这一消息,陶行知的激动之情无以名状。

在加拿大医疗援华委员会举行的演讲会上,陶行知含着热泪说:

> 我真诚地感谢白求恩大夫,感谢加拿大人民和医疗援华会。你们募捐和征集了许多医疗物资支援中国抗战,这是正义的行动!中国为之奋斗的理想和加拿大的理想是共同的,这种理想就是和平、自由、正义和民主。

陶行知的演说博得一阵阵热烈的掌声,人们对他这位"架设中加友谊桥梁的使者"表示崇高的敬意。在加拿大期间,陶行知还用自己演讲的收入购置了医药器材,通过宋庆龄转交八路军白求恩医疗队。

陶行知还曾三次进比利时、德国、锡兰,两次进埃及、印度、新加坡,到过一次的国家和地区有墨西哥、爱尔兰、荷兰、瑞士、意大利、奥地利、匈牙利、保加利亚、南斯拉夫、希腊、巴勒斯坦、黎巴嫩、吉布提、艾登、越南、马来西亚等。

1938 年 7 月,陶行知在德国举行的纪念"七七事变"会议上曾说:

> 七月七日是中华民族创造历史的又一章,是打破日本妄想,打破世界的误解的开始。

此时,国内的局势发生了微妙的变化。由于中国共产党在国民党召开的临时全国代表大会上提出了成立国民参政机关的建议,国民政府遂公布了《国民参政会组织条例》,并在汉口成立国民参政会。大会通过了《拥护抗战建国纲领案》等决议案,远在国外的陶行知也被聘为第一届参政员。

1938年8月底,在海外漂泊两年多的陶行知终于完成访问任务回到香港。他在国外的两年多时间里,动员大量海外华侨和各国人民谴责日本的侵略,极大地支援了中国人民抗日战争。

坚持创办育才学校

1938年9月2日,宋庆龄在香港接见了陶行知,高度赞扬他对中华民族解放事业和国际反法西斯运动所作的贡献。在香港友人组织的欢迎大会上,陶行知对记者及各界人士讲了自己的三个愿望:

> 一是创办晓庄学院,培养高级专门人才;二是创办儿童难民学校,培养小人才;三是在香港创办职业补习学校,通过教育的方式发动香港和海外的同胞投入抗日战争。

之后,陶行知在香港第四届妇女联合会上作了致辞后不久,香港中华业余学校宣告成立,他的第三个愿望就此实现。香港中华业余学校秉承晓庄师范学校的理念,强调学校是"师生共有的,推而广之,也可以说是社会共有的"。

这所由陶行知自己担任董事长的名副其实的战时社会大学,不但让工人们学到了知识,而且有力地支持了国内的抗日战争。学校开设了文学、新闻、外语、民运、教育等科目,还聘请了金仲华、刘思慕、茅盾、欧阳予倩、吴涵真、方与严等学者授课。

同年10月,陶行知经武汉去重庆。在武汉时,他谢绝了有关方面和有关人士请他出任安徽省教育厅厅长、四川省教育厅厅长、武汉大学校长等高级职务之聘;对蒋介石拉他加入国民党,宋美龄希望他担任三青团中央总干事的邀请,他也都表示拒绝。

期间,陶行知在武汉大学有一次著名的演讲。那一天,大礼堂里挤满了人,不仅全校师生都来听,连附近学校的师生和各界人士都闻讯赶来。他们知道陶行知先生是著名的教育家,都想来一睹他的风采,并听他说些什么。

会议开始后,有几位先生先后上台作了演讲。当轮到陶行知时,会场上响起了一阵热烈的掌声。只见他不慌不忙地夹着一个皮包走上了讲台。他戴着眼镜,穿着西服,先扫视了一圈儿会场。大家都静静地望着他,等他开口说话。有的人还打开速记本,准备把陶行知讲的每一句话都记下来。

然而,出乎大家意料的是,陶行知并没有讲话。他从包里抓出一只活蹦乱跳的大公鸡。公鸡喔喔地乱叫,台下听众一个个目瞪口呆,不知道他葫芦里卖的什么药。

接着,陶行知从口袋里掏出一把米,放在桌上。他左手按住鸡的头,逼它吃米。鸡一直大叫,就是不吃。陶行知又掰开鸡的嘴,把米硬塞进去,鸡挣扎着仍不肯吃。

然后,陶行知轻轻松开手,把鸡放在桌子上,自己后退了几步。只见大公鸡抖了抖翅膀,伸头四处张望了一下,便从容地低下头吃起米来。这时,陶行知说话了:

> 各位,你们都看到了吧。逼鸡吃米,或者把米硬塞到它的嘴里,它都不肯吃。但是,如果换一种方式,让它自由自在地,它就会主动地去吃米。

陶行知又向会场扫视了一圈儿,加重语气说:

> 我认为,教育就跟喂鸡一样。先生强迫学生去学习,把知识硬灌给他们,他们是不情愿学的,即使去学也是食而不化,过不了多久,他们还是会把知识还给先生的。但是,如果让学生主动去学习,充分发挥他们的主观能动性,那么,效果一定会好得多!

陶行知讲完,就把公鸡装进皮包,又向大家鞠了一躬,说:
"我的话讲完了。"便退下场去了。

听众们一时还没有反应过来。过了一会儿,会场上爆发
出雷鸣般的掌声,很多人边鼓掌边喊:"好!陶先生讲得好!
讲得好!"

期间,陶行知还与共产党人和救国会领袖刘季平、钱俊
瑞、王洞若、胡愈之、邹韬奋、沙千里、沈钧儒等人会合在一起,
共商抗战建国大事。他还专门拜会了周恩来,听取周恩来介
绍陕北中共中央的情况。事后,他在给友人的信中说:

> 拜会周恩来,蒙其指示甚多。

自此以后,陶行知一直与周恩来和中共中央长江局、南方
局保持着密切的联系。

10月27日,陶行知抵达重庆。后两日,他以国民参政员
的身份参加国民参政会第二次会议,提出了《推行普及教育
以增强抗战力量而树立建国基础案》等提案。提案提出:

> 要用全面教育来配合全面抗战,以形成全面的军民
> 合作与各党派、各阶层、各宗教、各民族之全面团结,以争
> 取最后之全面胜利。

1938年12月,陶行知到广西考察战时教育。12月15日,生活教育社在桂林正式成立,陶行知被选为理事长。他在讲话中号召生活教育者检讨过去,把握现在,创造将来。提出生活教育目前的任务,是把自己的团体变成抗战建国的力量,影响整个教育界共同进步,参加普及抗战建国的、反侵略的生活教育大运动。

稍后,陶行知全面总结了生活教育运动12年的历史,撰写了《告生活教育社同志书》,希望新教育者继续以一颗虚心"探求真正适合中国向前进取的教育"。他指出生活教育运动在12年里做了三件事:

> 一是"反洋化教育",二是"反传统教育",三是"在半殖民地半封建的国家建立争取自由平等之教育理论和方法"。

陶行知进一步阐明:

> 反对洋化教育并不是反对外来的知识,而是反对办学校一定要盖洋楼、说洋话、用洋书,不顾中国是个穷国,结果把教育办成了少数人的教育;反对传统教育也不是反对固有的优点,而是反对升官教育和超然教育,反对一般老百姓出钱给人家读死书,自己一个大字也不识的不

合理现象。

反对洋化教育、传统教育的根本目的,是要开辟出一条大路,让这半殖民地争取到自由平等的教育。

长期以来,陶行知看到成千上万的儿童在战争中枯萎,心里非常痛苦。由此,陶行知心中形成了要建立一个专门招收穷苦孩子和流离失所的难童的学校的构想,这也是他"三个愿望"中的第二个愿望。

虽然身处一个物质生活极为匮乏的年代,但他仍然坚定地给宋美龄写信提出创办孤儿学校的计划。然而,国民政府只批准给予开办费,其他日常费用要陶行知自行筹集。即使这样,陶行知依然决定独自创办学校,因为他深知这些孩子是祖国的未来。

其中,在一家保育院里发生的一幕画面,深深触动了他。在那家保育院里,陶行知曾看到一群孩子在一个头上长满癞疮的孩子的指挥下欢快地歌唱。他被这个孩子的乐观与音乐才华打动,就将他选到自己的学校,并让冯玉祥将军请了最好的医生治好了他的癞疮。这个孩子就是后来成为中央音乐学院教授、著名指挥家的陈贻鑫。陶行知后来回忆说:

我在重庆临时保育院参观,院长告诉我一件令人愤愤不平的事。他说近来有不少的阔人及教授们来挑选难童去做干儿子,麻子不要,癫痫不要,缺唇不要,不管有无才能,唯有面孔漂亮,身材秀美,才能中选。而且当着孩子的面说,使他们蒙上难堪的侮辱,以至在他们生命中烙上一个不可磨灭的印象。

选干儿子的做法,应变为培养国家民族人才幼苗的办法,不管他有什么缺憾,只要有特殊才能,我们都应该加以特殊之培养,于是我便生发创办育才学校的动机。当时就做了一个计划,由张仲仁先生领导创立董事会,并且得到赈委会许俊人先生之同意而实现。

1939年7月20日,陶行知在重庆附近的合川县(今重庆市合川区)创办了一所以难童为主要招生对象的学校,就是育才学校。陶行知从收留自十几个省的流亡难童中,择优录取了具有特殊才能的150多人,并确定培养的目标是:

引导学生团结起来做追求真理的小学生,团结起来做自觉觉人的小先生,团结起来做手腕双挥的小工人,团结起来做反侵略的小战士。

当时,这个偏僻的县城离重庆有75千米崎岖的山路,还有嘉陵江的激流阻隔,但这些都无法阻挡陶行知和学生的满腔热情。学校按学生的特长开设社会、自然、文学、美术、音乐、

陶行知创办的育才学校旧址

戏剧、舞蹈7个组,陶行知为孩子们请来最好的老师。

当时,在重庆的文化界、学术界里有一些著名人士,诸如翦伯赞、郭沫若、茅盾、贺绿汀、邓发、艾青、何其芳、曹靖华、刘白羽、周而复、邵荃麟、胡风、夏衍、阳翰笙、华岗、戈宝权、任光、水华、丰子恺、叶浅予、华君武、戴爱莲等,或应陶行知邀请或由南方局推荐,都曾到过育才学校,或任教,或讲学,或辅导少年研究生。

为什么地处穷乡僻壤的育才学校能请得动、留得住许多名人,能让他们都跋山涉水到育才学校讲课呢?因为这些艺术家把投身育才学校、培养有为少年视为献身民族救亡的实际行动,所以纷纷去那里义务授课。而陶行知善用人才,能够团结大家共同奋斗,使学校的教职员工都能各尽所能地贡献自己的力量与才智。在育才学校教过课的历史学家翦伯赞曾回忆道：

> 十几岁的孩子能够在座谈会上面谈时局，从国内到国外，从政治到军事，了如指掌；能够写出作品、自编剧本，自己作曲、作歌；能够写生，能够画出星宿的图谱，这是抗战中的中国的奇迹。

当时，育才学校文学组办了几十种壁报，还在重庆开诗歌朗诵会，很受大家欢迎。他们成立了"榴火诗社"，陶校长专门为诗社题词。不过，文学组的学生们有些飘飘然了，有人留起了披肩长发，有人特意穿破衣服，自视为艺术家的派头，也有的人自以为了不起，看不起别人，说话尖刻，喜欢讽刺人。

后来，陶行知把文学组学生召集起来，语重心长地对他们说："一个文人应是灵魂干净、品格高尚的人。衣服脏得很，破了也不补，这是乞丐，绝不是文人应有的样子。"

他又摸着一个男同学乱蓬蓬的头发说："这是茅草山。我要放一把火，叫放火烧山！"几个留长发的学生不好意思地笑了。陶行知拿起剪刀，亲自给他们剪了发，并耐心地给他们讲"要认真做学问，不要做井底之蛙"的道理，学生们听得心服口服。

我国著名的作家、诗人刘文苇，也是在陶行知和育才学校

文学组主任艾青的教育下成长的。

1939年夏天，有人介绍一位青年诗人到育才学校半工半读，介绍信上写着："刘文伟，诗人高歌的学生……"陶行知一看，风趣地说："喔，文——伟，你诗文伟大呀？"青年忙说："不，相反——很渺小，我已经把伟字改成苇了，芦苇的苇。"

陶行知笑了，说："对呀，不要自封为伟大，要大众承认才是真伟大。你愿意做芦苇，好，芦苇做成船，也可以渡人到达彼岸呀！"

过了一会儿，陶行知又说："你是高歌的徒弟，一定是个小洋诗人吧？"青年回答："不，我是土人，从小是孤儿，做过童工，爱唱劳动号子，自己编词儿，是地道的'咳唷'派。"

陶行知"哦"了一声说："那我们是同志呢，我也是'歌谣派'，你读过我的诗么？"青年说："读过，很喜欢。听说您跟唐代诗人白居易一样，写了诗先读给老妈子听。我还喜欢唱您编的歌，如《锄头舞歌》《镰刀舞歌》《手脑相长歌》，等等。"

陶行知立刻喜欢上了这个叫刘文苇的青年人，对他特别关心，经常问他学习、生活的情况。

刘文苇当时才18岁，学习兴趣很高，而且爱好广泛。在育才学校，他感到什么都新鲜，样样都想学想问。陶行知工作很忙，平时住在北碚，去学校一趟不容易，要处理的事很多。不过，刘文苇见缝插针，一有机会就去向陶行知请教，陶行知也总是热情耐心地回答他的问题。

有人责备刘文苇"不懂事"，而陶行知却鼓励他说：

> 做学问就是要学要问。我过去写过一首诗：
> 　　发明千千万，起点是一问。
> 　　人力胜天工，只在每事问。
> 学问，学问，光学不问只是一半，光问不学也只是一半，又学又问才是完整的学问。好比一个人，不能光有右手右脚，也不能光有左手左脚，要左右配合才是完整的人。

陶行知的教诲给了刘文苇很大启发，他也写了一首题为《学问》的诗：

> 学问学问，既学又问。
> 光学不问，半截理论，死啃书本，用时不灵。
> 光问不学，一半是零，不成条理，低级水平。
> 又问又学，真正聪明，又学又问，才是完整的活的学问。

当时的中国仍处于战乱之中，日本人的飞机经常轰炸重庆，物资非常紧张，导致育才学校常常买不到米吃。由于没有政府的支持，陶行知很难筹到钱，这使学校陷入了困境。有学生回忆：

最困难的时候,学生每天只能吃两顿稀饭,菜则是胡豆、藤藤菜,还有豆渣。

看着孩子们饿肚子,陶行知当然非常难受。一次他在睡梦中听见白腰文鸟在仓里叫,就写了一首诗,15岁的学生陈贻鑫流着泪为校长的诗谱曲:

> 谷子在仓里叫,日寇在战场上笑,我们要给难童吃下去……

师生们食不果腹,陶行知无奈之下只得四处化缘,每天在往返重庆城里的山路上同柴米油盐赛跑。外出化缘的他,每天只吃两个烧饼充饥,穿着一身破衣裤,心里牵挂的却是孩子们每天都有饭吃,每人能有一套像样的衣服。他的儿子陶城回忆说:

> 父亲下雪天冒着雪,下雨天冒着雨,有时跑了一天,到晚上12点才回来。

陶行知的不懈努力终于有了回报,东南亚和美国的华侨知道育才学校的物质条件如此紧张,都纷纷捐款捐物。不仅如此,育才学校的创办还得到了以周恩来为首的中共中央南方局的高度重视和大力支持。周恩来对陶行知和育才学校全体师生的努力给予了高度评价。

育才学校始终受到周恩来、中共中央南方局以及广大进步人士的关怀和支持。中共中央南方局和中共北碚中心县委，从建校之日起，即在校内建立了两个平行的地下党支部，学校的教学行政工作和学生的思想政治工作，一直都由共产党人负责。

在育才学校，负责党支部的同志向陶行知公开信息，还请他参加党内的一些重要会议。1940 年 9 月，周恩来和邓颖超还到育才学校参观，给育才学校的师生作形势报告，并题词"一代胜似一代"。他们还代表南方局向学校捐款 400 元，作为教学费用。

陶行知对中国共产党人也特别尊重，不断从杰出的中国共产党人周恩来、董必武等身上汲取力量。每当政治形势复杂多变时，陶行知便不顾特务盯梢和暗探监视，出入于曾家岩 50 号周公馆或红岩村八路军办事处，与周恩来、董必武、徐冰等谈心，有时多到每周两三次。

陶行知曾对同事们说："去时腹中空，回来力无穷。"表达了他对中国共产党领导的信赖和依靠之情。陶行知对校内党支部也完全信任，凡研究学校重大问题，他都要请支部负责人参加。对为学校教学作出贡献的专家、学者，尤其是中共党内的专家、学者，陶行知更是异常敬重，并倍加爱护。

陶行知把育才学校作为一块新的"教育试验基地"。在这块基地上,他把生活教育理论应用于培养"人才幼苗"的实践中,进行了丰富多彩的探索和创造。使得旧教育传统学校的陈腐气息为之一扫,整个学校充满向上的勃勃生机,成为"黑暗大后方一盏光明的文化教育灯塔"。

陶行知非常注重对孩子的教育,经常劝诫孩子在少年时代要勤奋学习,莫误好时光。他曾作这样一首诗送给孩子们:

> 人生天地间,各自有禀赋。
>
> 为一大事来,做一大事去。
>
> 多少白发翁,蹉跎悔歧路。
>
> 寄语少年人,莫将少年误。

有一段时间,育才学校的一些学生厌烦了紧张的学习,开始在自习时间偷偷地打扑克。老师发现后上前劝阻,他们还说这是"有劳有逸"。一天晚上,陶行知走过男生宿舍,顺便进去看看,正赶上有七八个男生在打扑克,玩得很带劲。陶行知没说话,只站在旁边看着。当一个学生突然发现校长来了,急忙推旁边的同学,几个人慌忙放下扑克,羞愧地站起来,低着头等着挨批评。陶行知还是一句话也没说,沉默了一会儿就转身走了。

第二天,陶行知在全校会上讲完抗日战争形势后,问道:

"抗日需要人才,将来建国需要人才,你们难道可以浪费自己的时间吗?你们有多少本领要学啊!我要你们自觉地把扑克牌交出来,像烧鸦片烟一样地把它烧掉!要知道,时光是最可宝贵的。"

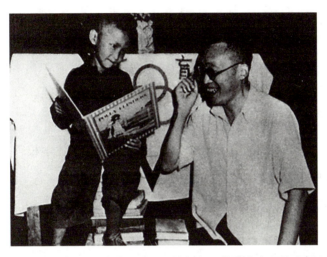

陶行知勉励孩子们好好学习,团结起来,"做追求真理的小学生"

孩子们低着头把一副副扑克牌放在台上,堆成一垛。陶行知用火柴点燃了扑克牌,然后温和地对孩子们说:"有人说'有劳有逸',逸就只能玩扑克么?你们可以练琴、写诗、作画,也可以打球、下棋……只有多学一点本领,将来才能建设国家。时光可贵,一去不回啊!"从此,学生们都珍惜时间,勤奋学习了。

陶行知不愧是大教育家,他在创办育才学校的时候也在

推广"活"的教育理论。他说：

> 我们要解放小孩子的空间，让他们去接触大自然中的花草、树木、青山、绿水、日月、星辰以及社会中之士、农、工、商、三教九流，自由地对宇宙发问，与万物为友，并且向中外古今360行学习。
>
> 创造需要广博的基础，解放了空间，才能搜集丰富的资料，扩大认识的眼界，以发挥其内在之创造力。

关于"活"的教育这个理念，陶行知在《育才学校创办旨趣》中说得很详细：

> 我们的学生要过这样的集体生活，在集体生活中，按照他的特殊才能，给予某种特殊教育，如音乐、戏剧、文学、绘画、社会、自然等。以上均各设组以进行教育，但是小朋友确有聪明，而一时不能发现他的特长，或是各方面都有才能的，我们将来要设普通组以教育之。又若进了某一组，中途发现他并不适合那一组，而对另一组更适合，便可以转组。总之，我们要从活生生的可变动的法则来理解这一切。
>
> 但是，育才学校有"三个不是"，须得在此说明：
>
> 一、不是培养小专家。

有人以为我们要揠苗助长，不顾他的年龄和接受力及其发展的规律，硬要把他养成小专家或小老头子。这种看法是片面的，因为那样的做法也是我们极力反对的。我们只是要使他在幼年时期得到营养，让他健全而有效地向前发展。因此，在特殊功课以外，还须给予普通功课，使他获得一般知识，懂得一般做人的道理，同时培养他的特殊才能，根据他的兴趣能力引导他将来能成为专才。

二、不是培养他做人上人。

有人误以为我们要在这里造就一些人出来升官发财，跨在他人之上，这是不对的。我们的孩子们都从老百姓中来，他们还是要回到老百姓中去，以他们所学到的东西贡献给老百姓，为老百姓造福利；他们都是受着国家民族的教养，要以他们学得的东西贡献给整个国家民族，为整个国家民族谋幸福；他们是在世界中呼吸，要以他们学得的东西帮助改造世界，为整个人类谋利益。

三、我们不是丢掉普及教育，而来干这特殊的教育。

其实我们不但没有丢掉普及教育，而且正在帮助发展它。现在中国正处在伟大的抗战建国中，必须用教育来动员全国民众觉悟起来，在抗战建国纲领之下，担当这重大的工作，所以普及教育，实为今天所亟须。要继续不断地协助政府，研究普及教育之最有效方法，以提高整个

民族的意识及文化水准。育才学校之创立，只是生活教育运动中的一项新发展的工作，它是丰富了普及教育原定的计划，绝不是专为这特殊教育而产生特殊教育，也不是丢掉普及教育而来做特殊教育。

陶行知还明确提出：

一切所教所学所探讨，为的都是人民的幸福。

创办育才的主要意思在于培养人才之幼苗，使得有特殊才能者的幼苗不致枯萎，而且能够发展，就必须给予适当的阳光空气、水分和养料，并扫除害虫。我们爱护和培养他们正如园丁一样，日夜辛勤地工作着，希望他们一天天地生长繁荣。

陶行知在《战时教育》上发表的文章《谈生活教育》中，还概括出了"生活教育理论"的要点：

从定义上说，生活教育是给生活以教育，用生活来教育，为生活向前向上的需要而教育。从生活与教育的关系上说，是生活决定教育。从效力上说，教育要通过生活才能发出力量成为真正的教育……"社会即学校"这一原则要把教育从鸟笼里解放出来。"即知即达"这一原则是要把学问从私人的荷包里解放出来。"行是知之始，知是行之成"是教人从源头上去追求真理。工学团或集体主义之自我教育是在团体生活里争取自觉之进步。"教育是民族解放、大众解放、人类解放之武器"这种教育观是把教育从游戏场、陈列室解放出来，输送到战场上去。

活用教育方法

关于陶行知活用教育方法的事例有很多，其中"拆表"的故事和"四块糖果"的故事流传最广。

有一次，陶行知家来了一位女客人。她是陶行知一位朋友的夫人。陶行知热情地与她寒暄后，突然发现这位夫人没有带儿子一起过来，以前她与儿子可是形影不离的。

这位夫人听陶行知提到儿子，有些生气地说："这孩子不听话，今天被我打了一顿，这会儿还在家里跟我赌气呢！"

陶行知问道："你儿子很可爱啊，怎么会惹你生气呢？"

朋友的夫人说："唉！别提了。我刚买了一块新表，还没舍得戴，这孩子就给我拆了个乱七八糟。一气之下，就把他揍了一顿。"

她说着从自己的包里取出一把被拆得乱七八糟的手表零

件。陶行知看到表还很新的,镀金的表壳被打开了,玻璃被弄碎了,里面指针也不全了。

陶行知接过手表看了看,对有些生气的夫人说:"我要是你,不仅不会打他,还会表扬他!"

夫人不解:"为什么呢? 我不明白您的意思?"

陶行知说:"因为他可能是第二个爱迪生!"

夫人又接着问:"什么? 爱迪生? 陶先生,您说笑了,这样的孩子能够成为发明家?"

陶行知对夫人说:"只要我们好好培养,长大说不定真能成为发明家呢!"

那个夫人说:"陶先生,您是教育家,您看怎么处理这件事才能使孩子健康成长呢?"

陶行知说:"我们一起去看看你的儿子吧!"

到了朋友家里,陶行知见那个孩子还在屋里抹眼泪呢。陶行知把孩子拉过来,问道:"孩子,哭什么呢? 有什么委屈,能告诉我吗?"

孩子胆怯地望了妈妈一眼,小声说:"我把妈妈新买的手表拆坏了,妈妈打我了。"

陶行知疼爱地摸了摸孩子的头说:"为什么要拆妈妈的手表呢?"

孩子又看了眼妈妈说:"我听到那里面'滴答滴答'地响,不知道是什么在响,就想拆开看看……"

陶行知说:"想知道什么响并没有错。但你在拆之前要跟大人说一声,这样妈妈就不会生气了,明白吗?"孩子点点头。

陶行知拉起孩子的手说:"你真想知道手表里是什么在响吗?"孩子又点点头。

陶行知说:"我带你去一个地方。"

孩子望望妈妈,说:"妈妈,我可以去吗?"

夫人答应道:"当然可以!"

陶行知带着孩子来到一家钟表店。陶行知拿出那只坏表,对修表师傅说:"这只表坏了,麻烦你修一下,价钱好说,但要让这个孩子看着你修,让他长长见识。"师傅同意了。

孩子看着师傅把表一点一点拆开,把零件一个个清洗干净;又看着他把表重新装配起来,换了表盖。最后,师傅上了发条,递给孩子。孩子见手表的指针又转动起来,高兴地说:"修好了!"

陶行知把孩子送到家后,孩子高兴地对妈妈说:"妈妈,手表修好了。我知道手表为什么响了!"

那位朋友的夫人笑着说:"陶先生,谢谢您!"

陶行知摆摆手说:"不要客气!教育孩子要因势利导,不能动不动就打他。我刚才和孩子一起把表送到钟表铺,请钟表师傅修理,让孩子当面学习。这样不但满足了他的好奇心,还让他学习了新的知识。"陶行知见朋友的夫人没有说话,便接着说:

　　一般来说,孩子做什么事都是有原因的,不要因为他做的事不符合大人的意愿,或者损坏了东西便去责罚他,这样做往往会在无意中扼杀孩子的求知欲。就拿今天这件事来说,孩子拆表是因为好奇心,这种好奇心其实就是一种求知欲,这本来是一种求知上进的表现,可因为你不分青红皂白地打了他,他今后再有什么疑问,就不敢去求证,更不敢动手了。如此一来,不是摧残了孩子的创造力吗? 我们如果爱孩子,就要学会理解、宽容孩子,更应该鼓励孩子去动手动脑,这样,说不定"爱迪生"真的就会诞生在我们家中。

　　听了陶行知一番话,朋友的夫人不好意思地说:"陶先生,今天幸亏遇到您,不然,我会毁了这个孩子的。"

　　这就是关于孩子"拆表"的故事,下面是"四块糖果"的故事。

　　一天,陶行知在校园里看到学生王友正用泥块砸自己班上的同学,当即便喝止了他,并让他放学后到校长办公室来一趟。大家都以为陶行知是要好好"教育"一下这个学生。

　　放学后,陶行知回到校长室,发现王友已经等在门口准备接受"惩罚"了。这时,陶行知却掏出一块糖果送给王友,说:"这是奖给你的,因为你按时来到这里,而我却迟到了。"王友惊疑地接过了糖果。

接着,陶行知又掏出了一块糖果放到王友的手上,说:"这第二块糖果也是奖给你的,因为当我不让你再打人时,你立即就住手了,这说明你很尊重我,我应该奖你。"王友更惊疑了,眼睛睁得很大。

随后,陶行知又给了王友第三块糖果,说:"我调查过了,你用泥块砸那些男生,是因为他们不守游戏规则,欺负女生;你砸他们,说明你很正直善良,且有批评不良行为的勇气,应该奖励你啊!"

王友感动极了,他流着泪喊道:"陶……陶校长你打我两下吧! 我砸的不是坏人,而是自己的同学啊……"

至此,陶行知满意地笑了,他随即掏出第四块糖果递给王友,说:"为你正确地认识错误,我再奖给你一块糖果,可惜我只有这一块糖果了。既然我的糖果没有了,我看我们的谈话也该结束了吧!"说完,他就走出了校长室,而学生王友以后再也没用泥块砸同学了。

而今,"四块糖果"的故事早已成为教育经典,启发着千千万万的教育工作者。陶行知的教育不是改变为主的过程,而是引领为主的过程,以最佳的教育方式,让孩子自信其理比强制要求更为重要。"四块糖果"的教育方式有四个关键点:

> 拉近与学生的心灵距离,让学生感受到老师对他们的爱;

让学生产生被尊重后的幸福感；

治人需要治心；

让学生自己认识错误、改正错误。

除了教育理念，陶行知也很重视对学生的思想和人格的塑造。育才学校的学生实行自治原则，提倡批评和自我批评，要求师生团结，尊敬师长，遵纪守法，讲究礼貌。学校后来陆续制定了《育才十二要》《育才学校之礼节与公约》《育才卫生教育二十九事》等条例和要求。《育才十二要》规定了育才学校全体师生必须遵守的十二项基本守则，为朝气蓬勃的学习氛围打下了坚实的思想基础。

此外，陶行知要求儿子"追求真理做真人"的故事也很有启发。

1940年夏天，陶行知的二儿子陶晓光去成都的一家无线电修造厂工作，需要资格证明书。陶晓光没有正规学历，于是瞒着父亲，要育才学校副校长马侣贤代开了一张证明，证明自己是晓庄师范的毕业生。

当时，在重庆的陶行知得知后，立即打电报去成都将假证明要回，并开了一张真实的证明寄去。陶行知还给儿子写了一封信，指出儿子这样做不符合做人的大道理。信中说：

我们必须坚持"宁为真白丁，不做假秀才"之信条，

宁可失去工作和学习的机会,也绝不向黑暗的社会学习
与妥协……追求真理做真人,你记住这七个字,将终身受
益无穷。

育才学校培养早期专门人才的成功尝试,被誉为"我国
现代教育史上的一株奇葩"。由于育才学校坚持革命的教育
方向,日益受到国民党政府政治上的迫害和经济上的封锁。

1941年皖南事变以后,不但政治形势日趋恶化,而且经
济困难给育才学校的压力也越来越大。为了加强中国共产党
的领导,校内两个党支部合并,由南方局徐冰直接领导。周恩
来对中共育才支部做过指示:"要搞好团结工作,首先要帮助
陶先生把育才办好。"

在极其困难的情况下,陶行知决心学习武训,写了一首题
为《武训先生画赞》的诗自勉,其中有如下诗句:

朝朝暮暮,快快乐乐。一生一世,到处奔波。
为了苦孩,甘为骆驼。于人有益,牛马也做。

并向全校师生发出了"做一个集体的新武训"的号召。

此后,陶行知一边像武训那样,用"行乞兴学"的精神四
处"化缘",一边带领全校师生开源节流,自力更生,缩食节衣,
共渡难关。在经济最困难的时期,全校师生每天改吃两餐,后

又一度改为一天三顿稀饭。

陶行知和全体师生一样,过着艰苦的生活,有时一顿饭就是一碗稀饭和一小把盐巴煮的胡豆。他曾说:

> 为了劳苦大众,我们吃草也干;
> 为了受苦小孩,我们要饭也干!

夏天,陶行知只有一件衬衫。因无衣替换,每次洗衣的时候,他就光着背坐在屋里写文章,待衣服干了再穿上。他把募捐来的钱和自己的稿酬收入,全都用到了大家的身上,自己从不动用一分一文。

陶行知的夫人吴树琴回忆说:

> 他身上的衣服有两个袋。他说,我这个袋是放公家的钱,另一个袋是放私人的钱。募捐来了以后都不是他自己去取钱,他是事先写信,然后让学生去拿来以后,当时就交给他,他就交给学校管钱的人。他是公私分明得很,一分钱都不会挪用的。

就这样,陶行知凭借顽强的毅力,同时依靠中共中央南方局的支持,坚持把育才学校办了下来。育才学校办学期间把一大批仅有小学文化程度的人才幼苗,培养成为既有政治觉悟又有专业特长的专家和革命工作者。

1942年7月1日，在育才学校成立3周年的纪念演讲中，陶行知鼓励全校师生要"在磨难中前行，在磨难中继续创造"，并且作了《每日四问》的重要演讲。

这个演讲从身体、学问、工作和道德上对育才学校的全体师生作了要求，而且给当时育才学校学生们的健康发展提供了参照，对后来的教育事业也具有十分重要的参考价值。他在演讲中说：

> 首先，我们每天应该要问的，是自己的身体有没有进步？有，进步了多少？
>
> 我们必须继续建立健康堡垒。要建立健康堡垒，必须注意几点：科学的观察与诊断；饮食的调节与改进；预防疲劳的休息。希望大家时时提示警觉，预防疲劳。天天能在兴致勃勃中工作学习，健康必然在愉快中进步了。
>
> 其次，我们每天应该问的，是自己的学问有没有进步？有，进步了多少？
>
> 现在我想到五个字。第一个，是"一"字，"一"是专一的一；第二个，是"集"字，"集"是搜集的集；第三个，是"钻"字，"钻"是钻进去的钻；第四个，是"剖"字，"剖"是解剖的剖；第五个，是"韧"字，"韧"是坚韧的韧。

再次,我们每天要问的,是自己担任的工作有没有进步?有,进步了多少?

第一点是要"站岗位";第二点是要"敏捷正确";第三点是要"做好为止"。

最后,我们每天要问的,是自己的道德有没有进步?有,进步了多少?

因为道德是做人的根本,根本一坏,即使你有一些学问和本领,也无甚用处。没有道德的人,学问和本领愈大,为非作恶愈大……

在教育艺术的殿堂里,陶行知不知疲倦,总想着把最好的教育交给学生们。他为学生们筹办了育才工艺组,并称之为"工程师之苗圃"。他还积极开办画展,并常常请到徐悲鸿、关山月、李可染等名人或者名人画作,所以育才学校师生经常有与大师直接交流的机会。

1943年1月20日,陶行知在重庆观看了话剧《安魂曲》后,大为感动。他感觉这场莫扎特的戏是学生们成才的"终身之课","在这出戏里,我们重新发现自己,会看见自己的苦难,自己的快乐,自己的创造和自己的命运"。第二天,他便组织全体师生观看了最后一场演出。

把最好的东西给学生并不等于是对学生溺爱。当陶行知发现育才学校的师生有骄傲自满的情绪,或在学习上不够进

步时,就会用各种办法提醒和鼓励他们。为了调动全校师生的创造力,他还朗诵自己创作的长篇散文诗《创造宣言》,文中写道:

> 创造主未完成之工作,我们接过来,继续创造。
>
> 宗教家创造出神来供自己崇拜。最高的造出上帝,其次造出英雄之神,再次造出财神、土地公、土地婆来供自己崇拜。省事者把别人创造的现成之神来崇拜。
>
> 恋爱无上主义者造出爱人来崇拜。笨人借恋爱之名把爱人造成丑恶无耻的荡妇来糟蹋,糟蹋爱人者不是奉行恋爱无上主义,而是奉行万恶无底主义的魔鬼,因为他把爱人造成魔鬼婆。
>
> 美术家如罗丹,是一面造石像,一面崇拜自己的创造。
>
> 教育者不是造神,不是造石像,不是造爱人。他们所要创造的是真善美的活人。真善美的活人是我们的神,是我们的石像,是我们的爱人。教师的成功是创造出值得自己崇拜的人,先生之最大的快乐,是创造出值得自己崇拜的学生。说得正确些,先生创造学生,学生也创造先生,学生先生合作而创造出值得彼此崇拜之活人。倘若创造出丑恶的活人,不但是所塑之像失败,亦是合作塑像者之失败。倘若活人之塑像是由于集体的创造,而不是

个人的创造,那么这成功失败也是属于集体而不是仅仅属于个人。在一个集体当中,每一个活人之塑像,是这个人来一刀,那个人来一刀,有时是万刀齐发。倘使刀法不合于交响曲之节奏,那便处处是伤痕,而难以成为真善美之活塑像。在刀法之交响曲中,投入一丝一毫的杂声,都是中伤整个的和谐。

教育者也要创造值得自己崇拜之创造理论和创造技术。活人的塑像和大理石的塑像有一点不同,刀法如果用得不对,可以万像同毁;刀法如果用得对,则一笔下去,画龙点睛……

随后,陶行知在创作的《育才学校校歌》中也强调了虚心的精神,他在校歌中写道:

我们是凤凰山的开垦者,要创造出新的凤凰山,新的家,新的学校,新的乐园,新的世界。我们要虚心、虚心、虚心,承认我们一无所知,一无所能。我们要学习、学习、学习,学习到人所不知,人所不能。我们要贡献、贡献、贡献,实现文化为公,天才为公。

稳步前进,稳步前进,走到光明,迎接东升的太阳,得到光,得到热,得到力,创造幸福的新中国,新世界。

1941 年,中国共产党为了支持陶行知的教育事业,在延安成立了生活教育社延安分社。次年 3 月 17 日,生活教育社延安分社和延安新教育学会在延安举行"生活教育运动"15 周年大会,中共中央宣传部副部长徐特立、李维汉到会并讲了话。

李维汉号召大家在整顿"三风"时要特别学习陶行知坚持民主与科学,反对老八股、洋八股的精神。徐特立、范文澜还致信陶行知,称赞他的教育事业"在中国教育史上,实占了光辉的一页","这不仅是对摧毁中国传统教育起了很大的革命作用,同时也为中国新教育树立了一块基石"。

1938—1942 年,陶行知作为第一、第二届国民参政会参政员,与中国共产党密切配合。当亲日派汪精卫公开叛变投敌时,陶行知在国民参政会内支持中共参政员所提出的声讨亲日派的叛变投敌,呼吁全民族紧密团结,坚持持久抗战的议案。

1939 年,当国民党掀起反共逆流时,陶行知以参政员的身份在重庆《新华日报》上发表文章,支持中国共产党提出的"坚持抗战,反对投降;坚持团结,反对分裂;坚持进步,反对倒退"的政治主张。陶行知说:"在抗战处于困难的现阶段,精诚团结应成为一个重要的课题。但有少数人还不懂得这是国家民族存亡的关键。因此抗战已有两年多了,还有人喊着反共或排除异己。"

1940年,当国民党为发动皖南事变制造舆论时,他与邓颖超、许德珩、陈嘉庚等参政员在国民参政会发表谈话,呼吁"抗战必须精诚团结,停止摩擦",反击国民党的阴谋。

在皖南事变即将爆发的紧要关头,他对国民党"制造分裂,准备投降"的行径予以痛斥。皖南事变后,他积极帮助中国共产党掩护和疏散育才学校的共产党员,自己则表示要留在重庆坚持斗争。

1943年4月,陶行知的朋友萨空了突然被捕。萨空了是当时非常著名的新闻记者、进步人士,先后在重庆任《新蜀报》总经理和中国民主政团同盟机关报《光明报》的总经理。翦伯赞得知消息后连忙告诉了陶行知,陶行知心急如焚,连夜联络沈钧儒等有影响力的进步人士,通过救国会向国民政府交涉。最终,国民政府于6月被迫释放萨空了。

期间,在育才学校避难学习的除了萨空了的两个女儿之外,还有很多进步人士的子女,其中就包括革命烈士李硕勋的儿子李远芃。李远芃是由周恩来、邓颖超亲自送到育才学校的,陶行知激励他专攻社会科学以继承父亲的遗志。

后来,李远芃改名为李鹏,还担任过中华人民共和国国务院总理、全国人大常委会委员长等职。1984年,他曾写下这样一段话:

陶行知先生是我的老师,虽然我受他直接教诲的时间甚为短暂,但他的为人、思想、作风和对中国共产党的感情之深却给我当时少年的心灵留下深刻的印象,使我受益匪浅。

1943年5月4日,内迁到重庆北碚的复旦大学举行五四运动纪念会,邀请了许多官员、名人到会讲话,陶行知被邀在会上发表了以《反对三寸金头》为题的演说。陶行知说:

现在有人主张思想统制,到处宣传,实在时髦得很。中国人过去最时髦的是妇女裹脚,裹得越小,越被认为美,还美其名为三寸金莲,竟是美极了。这是封建士大夫阶级在玩弄妇女,摧残妇女。现在最流行的美,从脚上发展到头上了。所谓思想统制,就是把人民的头都裹到规定的范围。旧时代的裹脚布,如今用来裹头,把中国人的头裹得紧紧的,越小越好,最终成了三寸金头。

同时,陶行知还在重庆《新华日报》的"青年教育与思想问题"专栏发表文章,进一步阐述实行"思想统制"的危害性。他一针见血地指出:

思想统制,其结果,并不能如独裁者所希望的那样达到思想统一,而是相反,只能是思想消灭、智慧消灭,最终

统一于愚。

1944年7月20日,育才学校迎来了建校5周年的纪念日。陶行知特地撰写了题为《从五周年看五十周年》的文章,其中写道:

育才在千灾万难中居然活了五年,可以算是一个奇迹,纪念这个奇迹的最好方式,是爱护它,发展它,使它在新中国和新世界之创造中,发挥它的力量与贡献。

让我们克服自己的弱点,抱着我们优良的传统前进吧!远征的战士,首先要有勇气对自己的弱点开刀!

什么是育才的优良传统?

第一,奉头脑作司令……指挥我们追求真理,贯通真理,为真理作战。

第二,止于大众之幸福……一切所教所学所做所探讨,为的都是大众的幸福。

第三,全校团结成一个巨人。我们需要保持团结的优良传统,需要更坚固更自觉的团结,以保证进一步的创造之成功。

第四,虚心学习。这四个字,在文字上是我们的优良传统,在实际上是我们的最大弱点。"骄"字是阻碍我们进步的最大敌人。我们要虚心地跟一切人学,跟先生学,跟大众学,跟小孩学,跟朋友学,也跟敌人学,跟大自然学,也跟大社会学,要学得专,也学得博。

第五,建立起健康之堡垒。这身体不同于自己,我们的生活是为整个民族乃至新人类所有……每一个人要爱惜他的身体。

1944 年 7 月 24 日,我国卓越的新闻记者、出版家邹韬奋去世,年仅 48 岁。九一八事变后,邹韬奋坚决反对国民党政府的不抵抗政策,他主编的《生活周刊》成为国内媒体抗日救国的一面旗帜。

陶行知于 1932 年 7 月与邹韬奋在工作中相识,两人结下了深厚的友谊。他闻讯后备受打击,特写挽歌追悼说:

> 坚信韬奋播下的种子定能长成,点燃的火把定能燎原,铸成民主中国,创造自由世界。

陶行知是最接近共产党的教育家之一。

1944 年 10 月,中共陕甘宁边区政府和边区文协联合召开陕甘宁边区文化教育大会。

10 月 13 日,陶行知致信校务会议说:

> 校务会议是民主教育之组织,希望列席者不是为会

议而会议,而是为民主的学习而会议。一切提案宜有整齐形式,兼提出理由及具体办法。我们要创造的民主,民主的创造,我们不要庸俗的、形式的、空谈的民主,也不要太看重个人的、英雄的、少数人的创造。一方面,我们要用创造的生活来充实民主的内容;另一方面,要用民主来解放大多数人的创造力,把创造力发挥到最高峰。

10月30日,毛泽东在大会上发表了题为《文化工作中的统一战线》的讲话,阐述了新民主主义文化运动中的统一战线方针。毛泽东在讲话中强调了三点:

第一,明确指出文教工作在整个革命事业中的地位和作用;第二,阐明统一战线的重要性;第三,强调为人民服务、群众路线的重要性。

陶行知得知陕甘宁边区政府文教大会决议和毛泽东在会上的讲话后,立即作出响应,在重庆也组织开展了群众文教运动。陶行知越来越感到旧的教育实践和理论是不可能为人民创造幸福的,因此不仅要提倡新教育,还要建立新的教育理论,要教民众做主人,而不是教人吃别人。

从此以后,陶行知为生活教育运动制定了"民主的""大众的""科学的""创造的"四大方针,并在育才学校开展施行。

发起社会大学教育

1944 年 9 月,中国民主政团同盟改为中国民主同盟,陶行知加入民盟,并主编《民主教育》月刊和主持《民主》周刊。当时民盟还有一个宣扬民主思想的阵地,那就是《民主报》。陶行知与郭沫若、邓初民、马寅初等同为《民主报》社论委员会委员,同声为民主而呐喊。

陶行知参加民盟工作后,始终坚持追随中国共产党的政治立场。他曾对楚图南说过:

> 民主党派中间,有不少人抱着"中间路线"和"第三条路线"的想法,这是绝对走不通的。中国的革命路线只有一条,只有一个方向,就是中国共产党所指出的革命路线和正确方向。否则,就是国民党反动派的反革命路线和反人民方向。非彼即此,不左即右,毫不含混。要想左右逢源,两边取巧,抬高身价,别寻政治出路,是不可能的。这既违背历史发展的方向,也违背中国人民的利益和要求。

陶行知还指出,搞民主党派工作,在策略上可以有各式各

样的做法,但绝对不能有各式各样的看法。陶行知遵循这一原则立场,为民盟的建立和促使民盟沿着正确方向发展,作出了不懈的努力,从而成为民主党派中左翼进步人士的旗帜。

1945年5月,陶行知在《战时教育》上发表《实施民主教育提纲》一文,系统地阐明了民主教育思想。他提出的民主教育提纲是:

一、旧民主与新民主。旧民主,是少数资产阶级做主,为少数人服务。新民主,是人民大众做主,为人民大众服务。

二、创造的民主与庸俗的民主。庸俗的民主是形式主义、平均主义,只是在形式上做到如投票等。创造的民主是动员全体人员的创造力,使每个人的创造力都得到均等的机会,充分地发挥,并且发挥到最高峰。

三、民主运用到教育方面来。这有双重意义:第一,民主的教育是民有、民治、民享的教育;第二,民主的教育必须做到各尽所能,各学所需,各教所知。

四、教育的对象或教育的目的。总结起来就是机会均等:入学时求学的机会均等,长进的机会均等,离校时复学的机会均等,失学时补习机会均等,而且老百姓有办学管教育的机会。

五、民主教育的方法。民主的教育方法,要使学生主动,而且要启发学生使其自觉,要客观,要科学,不限于一种,要多种多样,因材施教,要让生活与教育联系起来。这需要六大解放:解放眼睛,解放双手,解放头脑,解放嘴,解放空间,解放时间。

六、民主的教师。民主的教师必须要有:虚心、宽容、与学生共甘苦、跟民众学习、跟小孩子学习;消极方面:肃清形式、先生架子、师生的严格界限。

七、民主教育的教材。民主教育的教材应从丰富中求精华,教科书以外求课外的东西,并且要从学校以外到大自然、大社会中求得活的教材。

八、民主教育的课程。民主教育的课程包括课程组织等内容。

九、民主教育的学制。民主教育的学制,包含小学、中学和大学等学制。

十、民主教育的行政。要鼓励人民办学校;鼓励学生自己管自己的事;肃清官僚习气,以及资格的作用等。

十一、民主的民众教育。家庭、店铺、茶馆、轮船码头,都是课堂。

十二、民主教育的文字。主张汉字、新文字、注音字母三管齐下,做到多样的统一。

1945 年 8 月 15 日正午,日本裕仁天皇通过广播发表《终

战诏书》,宣布无条件投降。9月9日,在南京陆军总部举行的中国战区受降仪式上,日本驻中国侵略军总司令冈村宁次代表日本大本营在投降书上签字,并交出他的随身佩刀,以表示侵华日军正式向中国缴械投降。至此,中国人民的抗日战争终于取得了胜利。

得知抗战胜利的消息后,陶行知喜极而泣,并在《新华日报》上连续发表《胜利进行曲》和《民主进行曲》两首歌词,以表达内心的喜悦。

胜利后的中国面临着两种命运:一种命运,是走向和平、民主、独立、富强和光明的新时代;另一种命运,是走向分裂和内战的黑暗深渊。陶行知认为,走向光明的唯一保证是民主,避免走向黑暗的唯一保证也是民主,只有民主才能救中国。于是,他积极响应中国共产党的号召,奋不顾身地投入反内战、争取和平民主的斗争中。

此时,蒋介石及其控制下的国民党占据绝对优势,所以他仍未放弃消灭共产党的意图,但蒋介石对全面内战也有顾忌:一是全国人民普遍希望和平建国;二是国民党的精锐军队基本上在中国西南和西北地区,要开战还需要有一段时间准备。权衡利弊之后,蒋介石在调兵遣将的同时,发动了和平攻势。

1945年8月14日、20日、23日,蒋介石连续三次电邀共产党领袖毛泽东到重庆谈判。中共中央随后在延安召开政治局扩大会议,决定派毛泽东、周恩来、王若飞为代表,飞赴重庆与国民党谈判。

在重庆谈判期间，陶行知作为人民团体的代表，多次受到毛泽东的接见。他与毛泽东谈话回来后，常常对周围的人说："听了真开窍。"毛泽东返回延安时，陶行知还带育才学校的师生到机场欢送，并在机场与毛泽东合影留念。毛泽东很早就欣赏陶行知了，离开时对他说："将来的教育要靠你，教育部就要你来做啊！"

期间还发生了一件趣事。10月6日，陶行知在听到一位农村老太"民主是不是老百姓自己做老板"的问题后，他用一首诗《四万万五千万人的大公司》来作了回答：

> ……中国好比一个大公司，老百姓都是老板，大人是大老板，小孩是小老板，妇女是女老板……文武百官是伙计，大官是大伙计，小官是小伙计，女官是女伙计……要想事事如意，人人如意，伙计要忠实，伙计要和气，伙计要努力。还要四万万五千万老板，坐上第一把交椅……工厂还是工厂，情形大不相同，从前工人是奴隶，现在都是主人翁。你来我去拉拉手，工人歌声遍西东。只要自己不懒惰，海阔天空路路通！

在1945年10月10日国共签订《双十协定》后，陶行知开始组织育才学校的师生参加庆祝活动，来歌颂伟大的和平建

国的开始。

然而,《双十协定》墨迹未干,国民党便背信弃义,向华北、东北、华东、华中各解放区发动进攻。为此,中共中央于11月5日号召"全国人民动员起来,用一切方法制止内战"。

11月25日晚,昆明几所大学的学生自治会在西南联合大学举行时事晚会的时候,遭到国民党军队冲锋枪、机枪的恐吓。次日,昆明3万学生为反对内战和抗议军警暴行宣布总罢课,提出立即停止内战、撤退驻华美军、保障人民民主权利、建立民主的联合政府等口号。学生组织了100多个宣传队上街宣传,却遭到国民党特务的殴打和追捕。

12月1日,大批国民党特务和军人围攻西南联大和云南大学等学校,毒打学生和教师,并向学生集中的地方投掷手榴弹,炸死师生4人,重伤29人,轻伤30多人,制造了震惊全国乃至世界的"一二·一惨案"。

12月9日,陶行知带领育才学校学生参加了重庆各界人民团体在长安寺公祭"一二·一惨案"烈士的活动。陶行知亲自写了祭文和挽诗,他说:

　　　　是谁杀中国人?是中国自己的"好汉";是哪来的枪?是从友邦来的枪……一起来制止这悲惨的内战。

在参加活动之前,陶行知甚至做好了牺牲的准备,他给自己的妻子写下遗书：

> 我现在拿着昨晚编好的诗歌全集去交给冯亦代先生出版，然后再到长安寺去祭昆明反内战被害烈士。也许我们不能再见面。这样的去是不会有痛苦，希望你不要悲伤。你有决心，有虚心，有热心，望你参加普及教育运动，完成 4.5 万万人之启蒙大事以奠定天下为公之基础，再给我一个报告。

在育才学校的朝会上，陶行知在宣布自己要去参加公祭后，又慢慢地说：

> 我于昨天一晚，已把我的破布烂棉花的诗稿整理好……我是可以交代了，无顾虑地去参加祭礼了……参加是危险的！只要有正义感有爱国热忱的人都应当去参加。我是校长，我不强迫大家去参加，也不阻止大家去参加，可以自愿地去参加。

参加完公祭后，他在给妻子的信中称"预备死而不死"，并说，"今后尚有为民族人类服务之机会而又能与你再见，真是幸福。我当加倍努力，以无负于此幸福也"。

陶行知曾经在《民主教育》上发表《民主》一文，全面地阐

明了自己的民主观。陶行知认为,民主应当包含五个方面,即政治民主、经济民主、文化民主、社会民主和国际民主。这是全面意义上的民主,是他心目中的"真正的民主"。陶行知进而指出:

> 民主是中国之救命仙丹。民主能叫 4.5 万万老百姓团结成一个巨人。民主能给我们和平,永远消除内战之危机。民主好比是政治的盘尼西林,肃清一切中国病。民主又好比是精神的"维他命",给我们新的力量,来创造一个自由独立进步的新中国和一个富足平等幸福的新世界。

陶行知确信,毛泽东在《新民主主义论》中所指出的道路是实行真正民主的路线。陶行知在为民主政治呐喊的同时,以更大的热情发起了民主教育运动。

他相继发表了多篇文章来阐述民主教育的思想,强调民主教育是"教人做主人,做国家的主人,做世界的主人"的教育,他断言民主教育是"人民的教育,人民办的教育,为人民自己的幸福而办的教育"。

民主教育的任务,一方面是教人争取民主,一方面是教人发展民主。陶行知清醒地认识到,没有政治民主就不可能有教育民主,民主教育必须建立在民主政治之上。只有实现了政治民主的理想，才有可能实现"各尽所能，各学所需，各教所知，各得其所"的教育民主的理想。

陶行知还提出开展民主教育运动的"全民教育"的宏伟计划。对于如何实现民主教育的普及，陶行知重申了他的"穷国办大教育"的一贯主张。他说：

> 中国现在还是一个农业国，大家靠着一双手和锄头、斧头生产，所以生活穷苦得很；尤其是经过 100 多年的帝国主义侵略，30 多年的内战和 8 年的抗战弄得万分穷苦。我们要在穷社会里找出穷办法来教一切穷人都得到教育，得到丰富的教育，得到民主的教育。

1945 年 12 月 22 日，陶行知与好友李公朴等人支持重庆进步的职业青年提出的利用夜间空时学习的要求，开始筹备社会大学。陶行知提出由青年人"自己来发起，自己来筹款，自己选校董，自己选校长"的办法，由他和冯玉祥、张澜、沈钧儒、李公朴等人为校董，冯玉祥为校长，并从学员中选择了金秀堤、周西平等人为工作人员。

1946 年 1 月，陶行知发表长诗《社会大学颂》，后来写下《社会大学运动》一文，由此发起了"社会大学运动"。陶行知在文章中阐明了社会大学运动的意义和内容：

　　社会大学有两种：一是有形的社会大学；二是无形的社会大学。社会大学运动是要把有形的社会大学普及出去，并且要给无形的社会大学一个正式的承认，使每一个人都承认这无形的社会大学之存在，随时随地地进行学习。

　　无形的社会大学，是只有社会而没有"大学"之名。它是以青天为顶，大地为底，二十八宿为围墙，人类都是同学，依"会的教人，不会的跟人学"之原则说来，人类都是先生，而且都是学生。新世界之创造，是我们的主要的功课。无形的社会大学，虽无社会大学之名，但它是一个实实在在的最伟大的大学，最自由的大学，最合乎穷人需要的大学。我们穷人一无所有，有则只有这样一个社会大学，这无形的社会大学既然是我们的，我们就应该承认它，认识它，把它当作我们自己的宝贝，运用它来教育我们自己，使自己和同伴近邻养成好学的习惯，活到老，学到老，进步到老。把这个思想装进每一个人的心里，是社会大学运动的第一个任务。

　　有形的社会大学是夜大学、早晨大学、函授大学、新闻大学、电播大学……社会大学之道，是要亲近老百姓。我们认为亲民的道理，比新民的道理来得亲切。我们要钻进老百姓的队伍里去和老百姓亲近，变成老百姓的亲人，并且要做到让老百姓承认我们的确是他们的亲人。

社会大学之道,是要为人民造幸福。一切学问,都要努力向着人民的幸福瞄准。所谓人民的幸福,用老百姓自己的话说便是福禄寿喜。照着人民所愿望的福禄寿喜四大幸福进行,我们的学习才于人民有益,才配称为社会大学。也只有社会大学与人民幸福打成一片,而后社会大学运动才能成为人民应该参加的富有意义的大运动。

1946年1月,陶行知与李公朴、史良等共同创办重庆社会大学,社会大学的开办得到中国共产党和民主人士的支持和帮助,中共中央南方局还拨了一些经费。

社会大学招生不拘学历、资格,以具有一定基础知识和学习能力的职业青年为主体,教学的内容和方法密切结合实际需要,以自学为主,教授为辅。社会大学的学生来自全国17个省及南洋、朝鲜等地,多为在业和失业青年。他们思想进步,倾向民主,向往革命,其中有教员、文化工作者、工商业者、小报童、公共汽车售票员、邮电局和自来水公司的工人、剧团的演员等。

学生入学,一般需要有民主党派、进步人士的介绍,并经过简单的考试。当时在社会大学担任教授的有邓初民、许涤新、翦伯赞、何其芳、艾芜、侯外庐等著名教授、作家。

创办社会大学是陶行知教育理论的又一次新的实践,他认为社会大学是一种在在职青年和失学青年中普及教育的好

形式。陶行知指出,办好一所大学,必须具备三个条件:要有热心的教授,要有好的学生,要有正确的办学宗旨。

1月15日,重庆社会大学在重庆管家巷28号正式开学。中共中央南方局极为重视,周恩来亲临开学典礼,表示祝贺与支持。当时在重庆的许多社会知名学者、中国共产党的领导人和民主人士,诸如吴玉章、郭沫若、翦伯赞、邓初民、王昆仑、华岗、许涤新、何其芳、张友渔、沙千里、侯外庐、章乃器、马寅初、胡风、田汉、孙起孟、潘菽、邓颖超、秦邦宪、邓发、乔冠华等,都曾到校讲课或做演讲。

陶行知在社会大学的开学典礼上作了演讲,阐述了社会大学的办学宗旨、原则、教学内容、教学方法、发展计划等。陶行知指出:"社会大学的宗旨是'人民创造大社会,社会变成大学堂'。"陶行知还指出:

> "人民大德"有四,即"觉悟""联合""解放"和"创造"。
> 所谓"在明民德",就是促使人民大众尽快"觉悟",以便"联合"起来,争取"解放",共同"创造"新的中国和新的世界。
> "在亲民,在止于人民之幸福",就是亲近人民,和人民大众打成一片,以人民大众的幸福为最高目标。

重庆社会大学的教育,紧密联系社会政治,学生积极参加革命斗争,培养和锻炼出一批革命干部,对当时的反内战、反独裁的斗争起了重要作用。重庆社会大学实际上成了在国民党的统治下传播革命思想和马列主义的一个阵地。陶行知以极大的革命热忱和非凡胆略,站到了革命的风口,投入了斗争的旋涡。

不久,社会大学就遭到了国民党教育部的百般刁难。陶行知针对教育部提出的社会大学"设备简陋"一说,针锋相对地说:

> 说"简"则有之,我们承认。只有简,才容易行。特别是在中国,不需要一些东西,比如洋房、基金、立案之类的阻挠,要行新的大学之道。
>
> 说我们"陋"则不同意。《陋室铭》说,君子居之,"何陋之有"? 我们社大有热心的教授,有好学的青年,有新的大学之道,"君子办之,何陋之有"?

最终,社会大学冲破国民党反动派的重重压迫,坚持办学一年零两个月,前后招生两期,共300多名学生。

1946年元旦,国民政府发布公告,提出召开政治协商会议。1月6日,国民政府公布了召开政治协商会议的七条办法及全体会员名单。1月10日,政协大会正式开幕。

经过长达22天的政协会议,由于中国共产党的努力和各民主党派的合作与斗争,终于迫使蒋介石签订了《关于政府组织问题的协议》《和平建国纲领》《关于国民大会问题的协议》《关于宪法草案问题的协议》《关于军事问题的协议》共五项有利于人民的协议。这些协议否定了国民党的反人民的内战政策,迫使国民党承认党派存在的合法性和各党派的平等地位,确定了民主改革的总方向,会议取得了巨大的胜利。

在政治协商会议开幕之后,陶行知与李公朴等人组织民主协进会,在沧白堂等处举办民主讲座,定期要求政协代表作报告,让育才学校师生都听取这些报告。国民党特务得知消息后,多次去骚扰会场,并公然向主席台扔石头,打伤了很多人。陶行知愤而写下《大闹沧白堂有感》的诗,他写道:

> 主人要讲话,公仆摔石头。
>
> 纵然被打死,死也争自由。

在"五项协议"签订后,重庆各界人士在较场口集会庆祝。为开好庆祝大会,陶行知组织育才、社大师生负责纠察工作和宣传工作。他说:"政协会议已经闭幕,《双十协定》也早已签字,但纸上的东西,还要我们用行动去争取才能实现,我们还要广泛宣传发动群众。"他还说:"我今天去开会是准备挨打,甚至是流血的。希望参加大会的师生也要做好思想准备,要勇敢,镇定,团结一致。"

果不其然，当参加庆祝的群众陆续进入会场时，由中统特务秘密组织拼凑的另外一个所谓"主席团"成员吴人初、刘野樵、周德侯等人登上了主席台。会场两侧布满了特务和打手。周德侯叫嚷着要刘野樵当执行主席，并悍然宣布开会。李公朴、施复亮上前阻拦遭到毒打，郭沫若、陶行知等60余人也被打伤。

这就是震惊全国的"较场口血案"。正当暴徒、特务行凶的时候，周恩来、冯玉祥等赶到，于是特务和暴徒四散而去。当晚，周恩来等4位代表向蒋介石当面交涉，并带去沈钧儒、梁漱溟等人联名写给蒋介石的抗议信。

陶行知从医院返回育才学校的时候，他对学生们说："大家要沉住气！要知道民主是需要用鲜血、用生命去争取的！"

事后，国民党反而进行诬陷，荒谬地指责是陶行知指使育才学校和社会大学学生捣乱会场，并扬言要逮捕审讯他。陶行知则表示："随他们的便，打骂吓不倒我们，法庭更不可怕！我们多经历一次风雨也是多受一次锻炼嘛！"当时，民主人士得到这个消息，举国舆论一片反对声，国民党当局迫于舆论压力最终没敢抓捕陶行知。

这个时候，陶行知已经成为国民党政府的眼中钉、肉中刺。1946年3月1日，《新华日报》被查封。3月2日，开办仅仅一年多的社会大学也被查封，许多老师被迫离开重庆，但社大并没有被消灭，学校主要人员在重庆自来水公司宿舍秘密

举行会议,成立了社会大学革命委员会。

9月,经上级党组织批准,成立了中共社大支部,支部领导同学继续学习和开展革命斗争,配合重庆解放。各系同学按居住地区划分小组,坚持自学互助。

文学系以"新芽文艺社"名义继续活动,分散学习,定期讨论。在艾芜、力扬等老师指导下,文学社还学习讨论了鲁迅的《祝福》、高尔基的《夜店》等名著。

社大同学有的去华蓥山游击根据地参加武装斗争,有的留渝为起义筹集运送武器、药品和通信器材,有的参加了《挺进报》《反攻》的电讯收听、刻印、校对和发行工作。

在迎接重庆解放的斗争中,社会大学有12位同学牺牲在中美合作所。在1949年11月重庆解放时,插在解放碑的第一面五星红旗,便是社会大学学生、红岩小学校长梁承栋和他的爱人用红绸被面精心绣制的。

反对内战,呼吁和平

从1946年开始,随着国民政府迁都南京,机关、团体、学校、工厂东迁,各界人士东下,政治重心和全国民主运动的中心也开始由川中而东移沪、宁。

社会大学在3月初被国民党政府当局封禁之后,育才学校也有被封的危险。为了育才学校和重庆社会大学的将来，陶行知于4月初离开了战斗和生活了7年的重庆，前往上海选择新校址。

临走之前，妻子问他什么时候去延安。他回答说："我现在去不了，如果我生前去不了，那么在死后要埋我时，将头朝向北方（延安的方向）。"

他还对翦伯赞说："我这次到上海去，主要是做上海的工作。我想在上海创办社会大学、函授大学、新闻大学、无线电大学，让整个上海都变成学校，让上海500万市民都能得到教育和再教育的机会。这样，我的生活教育的理想就全部实现了。"

4月11日，陶行知从重庆到达南京，重访阔别16年的晓庄。他受到了胡同炳等原晓庄师范学校师生和当地群众的热烈欢迎，人们在中央门附近放鞭炮迎接。这是陶行知的梦想开始的地方，他站在晓庄的土地上，良久不语。

陪同陶行知的胡同炳希望他能够恢复晓庄师范学校，陶行知回答说："晓庄师范学校是要办的，但现在还不能，因为有人要打内战。等将来，我们不但要办晓庄师范学校，还要办晓庄研究院。"

离开晓庄之后，陶行知祭扫了家人的坟墓，还专程去南京梅园新村拜会了周恩来，接受中共的领导。随后，他匆匆赶往上海。

　　一到上海，陶行知几乎将所有精力都倾注到反内战、反独裁、争和平、争民主的宣传工作上。他应学校、机关、工厂和各群众团体之邀，到处发表演讲。在他生命的最后 100 天中，他演讲了 100 多次，有时一天两三次。他在给翦伯赞的信中说：

　　　　上海的青年希望民主，和重庆没有两样，可是他们遭受的压迫，和重庆的青年也没有两样。

　　4 月 21 日，在来到阔别 10 年的上海后的第三天，到上海市育才中学进行演讲的陶行知，受到千余名教师的热烈欢迎。到了育才中学，他作了题为《民主生活与民主教育》的演讲。
　　在演讲中，陶行知猛烈抨击国民党的训政是"有系统的、反民主的、变相的法西斯训政"，号召教育工作者为教育招兵，为民主募马，为民主奋斗。这个时候，陶行知已经不仅仅是人民教育家了，他已经成为民主战士。
　　4 月底，中共上海市郊工委委员马崇儒根据组织指示与陶行知取得联系，陶行知对马崇儒说：

　　　　我办学跟别人不同，别人喜欢在城市里办学，我却偏偏喜欢到乡村办学……中国大，农民多，农民种粮食给我们吃，农民懂得的事比我们多，但中国的农民生活也最苦……我们应当到农村去办学，去拜农民为师，与农民同患难共命运,去给他们文化。

陶行知还重新解释了自己在很多年前提出的"工以养生,学以明生,团以保生"的工学团的意义,他说:

> 工以养生就是要教会学生做工种田,学以明生就是要教会他们懂得做人的道理和求生存的方法,不只是识几个字,更重要的是懂得做主人。团以保生就是要让他们团结起来,打倒一切反动派。

在这一年的五一国际劳动节,陶行知参加了上海市百货业职工的联欢活动,并发表了热情洋溢的演讲,鼓励广大工人阶级追求民主自由。随后,在陶行知的指导下,张文郁、李楚材和上海中教联的领导成员段力佩等积极筹建生活教育社上海分社。

生活教育社上海分社成立后,陶行知在成立大会上发表了题为《生活教育创造史》的演讲。之后,生活教育社上海分社积极发展社员,开展民主运动,研究民主教育。许多社会人士纷纷参加,社员人数很快就突破了200人。为了募集办学经费,陶行知给冯玉祥、郭沫若、田汉等写对联和条幅进行义卖,甚至在《时事新报》上刊出他们联名卖字兴学的广告。

同时,陶行知在上海筹办社会大学的运动因为国民党政

府的重重阻挠,最终没有成功,他只好借助生活教育社上海分社来举办不定期的专题讲座。生活教育社上海分社借储能中学、大任小学等学校的校舍作为会场,先后邀请郭沫若、吴晗、黄炎培等知名学者来作专题演讲,吸引许多教师和社会青年常来听课。

后来,陶行知决定举办"生活教育社社员暑期进修班",将其作为社会大学的另一种形式。他亲自草拟了30个讲课老师的名单交给段力佩,并对张文郁说:"今天,教育者的第一任务在促进民主,扩大教育影响就是扩大民主运动的影响!生活教育的发展应该归结为民主教育。"

在儿童节到来之际,陶行知在刊物《小学教师》上发表了文章《小学教师与民主运动》,直接指出中国长期以来是封建专制教育、法西斯教育,并对小学教师提出意见。文中写道:

> 我们要为民主奋斗,我们得加强自己,改变自己,武装自己,而且要为教育招兵,为民主募马。
>
> 我们自己需要再教育,再受民主教育……做教师的人,必须天天学习……要学习的东西很多,但最主要的是不能忘了社会科学。
>
> 我要介绍最伟大的老师,一位就是老百姓,要学习人民的语言、感情、美德,努力发现他们的问题、困苦、希望。另一位就是小孩子——我们所教的小学生,不愿向小孩

子学习的人，不配做小孩子的先生。一个人如果不懂小孩子的心理、问题、困难、愿望、脾气，如何能教小孩？如何能知道小孩子的力量？

运用民主作风教学生，并与同事共同过民主生活，以造成民主的学校。

要教学生为民主的小先生，为社会服务……人生以服务为目的，不是毕业后才服务。

要教民众自己成为民主的斗士，乃至成为民主的干部，大家起来创造一个名副其实的中华民国。

争取民主以保障生存权与教学自由。

教师的职务是"千教万教，教人求真"，学生的职务是"千学万学，学做真人"。

"千教万教，教人求真；千学万学，学做真人"是陶行知的一句名言，也是他的教育思想和精髓。他的一生，就是"教人求真"和"学做真人"的一生。"教人求真"，是他的教育目标；"学做真人"，则是他自身的追求。

从青年时代起，陶行知就以"行出一真是一真，谢绝一伪是一伪"这两句话，作为指导自己行动的准则。后来，他又把自己的人生目标概括在一句话里，那就是"追求一切真善美和真善美的一切"。他容不得一丝一毫的假丑恶。

陶行知勉励儿子努力朝着这一目标奋斗，决不向虚伪妥

协,这才是真学问。他要儿子牢牢记住"追求真理做真人"这7个字,记住"必将终生受用无穷"。从此以后,"追求真理做真人"成为陶晓光的座右铭。每当回忆起这段往事,陶晓光便从内心深处敬佩父亲:陶行知的一生,堪称"追求真理做真人"的典范。

6月8日,全国人民反对内战、呼吁和平的运动已风起云涌。陶行知和马叙伦、周建人、马寅初、章乃器、沙千里、沈雁冰、郑振铎、许广平、巴金等160多名在沪的文化界人士,联名致书蒋介石、马歇尔、中共代表团以及各党各派、社会贤达,呼吁和平,反对内战。

6月14日,陶行知与即将离开上海回到解放区的共产党教育工作者柳湜见了面。听了柳湜介绍解放区知识分子与工农相结合的教育情况后,陶行知十分兴奋。说道:

　　我的生活教育的思想,大半都是从资产阶级、大地主,以及老百姓中启发而来的,自然,我的思想不是抄他们的,他们有的只启发我想到某一面,有的我把它反过来,就变成了真理。有的是不能想象出来的,是要群众动手才能看到,动手最重要……我一生只想多做些事,现在要做的事又太多了,我不仅没有时间写一本书,就是连短文章也没有时间写,所以除了演讲外,就是作诗。说话不用准备,作诗则更经济,至于对学术采取一种严肃态度,那是应该的。我常说,还是多做些事。如果你不幸死得早,如果你真有些思想,会有人替你整理出来的。

6月19日,陶行知接受邀请,为春风文艺社题了词:

> 为大众写,为小孩写,转进大众小孩的队伍里去……共患难,同喜悦,向大众小孩学习……要做到:一闻牛粪诗百篇,风花雪月都变节。

第二天,陶行知与吴晗应邀到大同大学参加了反内战和平大会。两人正准备演讲,会场上的扩音器电源却被国民党特务切断了。他们并没有屈服于这种状况,而是用最大的声音发表了演讲,极大地振奋了会场的气氛,博得全场师生的热烈掌声,更打击了反动者的气焰。

到了6月下旬,波澜壮阔的上海人民反内战、争民主的运动达到了高潮。上海人民组织了以马叙伦为首的"争取和平反对内战请愿团"到南京请愿,要求恢复国共和平谈判,力争和平,制止内战。

23日,上海市10万群众在火车站广场集会,欢送马叙伦等代表赴南京请愿。陶行知明知会场四周布满了国民党特务,但他早已将个人生死安危置之度外,毅然决然地站在欢送人群中发表短暂的演讲。他振臂高呼:

8天的和平太短了,我们需要永久的和平!假装的民主太丑了,我们需要真正的民主!我们要用人民的力量,制止内战,争取永久的和平;我们要用人民的力量,反对独裁,争取真正的民主!

陶行知的演讲得到数万群众的强烈反应,大家纷纷呼喊口号。这时,隐藏在人流中的特务也开始晃动,陶行知身旁有人提醒他要小心,防止"较场口血案"重演,陶行知则答道:"重演不重演是政府的事,你来参加,难道不是准备挨打的吗?"

紧接着,南京"下关惨案"发生。预先埋伏好的国民党特务、暴徒,对刚下火车的马叙伦、雷洁琼、陈震中等11名和平代表大打出手,前往采访的《文汇报》和《大公报》记者也遭到无辜的毒打。经过中共代表和民主人士紧急呼吁,南京有关当局直到午夜才将受伤人员送往医院。

之后,国民党的各种宣传舆论工具诸如《中央日报》等,立即进行歪曲事实真相的报道,把特务说成是"苏北难民",把特务殴打和平代表说成是"民众冲突"。国民党当局的丑恶行径激起了京、沪各界群众的严正抗议。

上海各界人民群情激愤,对国民党暴行表示严重抗议,要求惩办凶手。25日,陶行知以全国和平联合会暨上海人民团体联合会的名义,召集在上海的各国记者,并散发了上海人民团体联合会的书面抗议书。陶行知直接用英语向各国记者揭露了"下关惨案"的真相,一针见血地指出:殴打民众代表,是政府中某团体所主使。

陶行知也要求美国人民支持中国人民铲除中国法西斯的斗争,他指出:

> 这次的殴打,同在昆明、重庆、成都等地对待学生的办法是一贯的、相同的。反动的力量已逐渐变为法西斯的组织。陶行知还指出,如果美国仍继续支持国民党,那么只能鼓励法西斯分子打内战。

第二天,上海的英文大报《字林西报》,以《陶行知博士为下关事件等问题向外国记者发表谈话》为题,发表了陶行知的谈话内容。与此同时,陶行知还为《文汇报》撰写了《走向殖民地》一文。文章尖锐地指出:

> 中国走向殖民地是因为反民主好战分子想借助外援,以取得在内战中的优势。根本的救国之道,在于停止内战,实行民主。只有永远停止内战,真正实现民主,中国才能避免殖民地的厄运。

在7月初,陶行知作了题为《中国之新教育》的演讲,提出"为博爱而学习,为独立而学习,为民主而学习,为和平而学习,为科学创造而学习"五项修养。他在为民主教育和民主中国继续努力着。期间,经常有许多解放区的共产党人来信或者来访,而陶行知均积极接待,并对解放区充满了向往。曾经访问过延安的美国记者罗尔泊和奥地利医生詹生与陶行知谈话时,陶行知发出感慨:"非常遗憾,我直到今天还没有到过解放区。"

这个时候,国民党公然撕毁《停战协议》和《政协决议》,向解放区发动了全面进攻。李公朴、闻一多因为坚决反对国民党发动内战,多次公开呼吁结束国民党的一党专政,提出建立联合政府与和平民主建国的合理主张,被国民党特务列入黑名单。

1946年7月11日晚10点,李公朴在外出路经青云街学院坡时,被保密局昆明站特别行动组特务用无声手枪击伤,子弹贯穿其腹部。次日凌晨,李公朴因失血过多而逝世,这个伟大的民主战士在最后一刻仍大骂国民党"无耻",高呼"我为民主而死",令无数人为之动容。

7月15日,闻一多到云南大学致公堂参加李公朴死难经过报告会,一出家门便被国民党特务跟踪。闻一多在报告会上愤怒地揭露了国民党的法西斯暴行,作了著名的《最后一次讲演》报告。下午,他又去报社举行记者招待会,表明了反独裁、反内战的严正态度。会后,他与长子闻立鹤返回西南联大西仓坡宿舍,在离家门不远的地方突然被持着美式冲锋枪的特务扫射,闻一多身中八枪当场殉难。

李公朴与闻一多接连被暗杀的噩耗传来,全国人民和世界爱好和平人士都义愤填膺,严厉谴责国民党的法西斯暴行,美国一些大学的知名教授也对国民党政府发出了严重抗议。

李公朴被杀的消息传到上海后,陶行知怒火中烧,他满蘸血泪,奋笔写了一首挽诗献给老友,题为《追思李公朴先生》,作为对国民党反动当局的控诉和讨伐。激愤之情,跃然纸上;浩然之气,充塞天地。诗中写道:

> 你争取民主,反对一党专政。你争取和平,反对中国人杀中国人。杀你的人是杀民主,杀和平,杀害中华民族的生存! 这一颗凶恶的子弹不是打你一个人,是打在四万万五千万人的心身。
>
> 只要看一看,杀你的子弹是从哪儿来的,便知道谁发动这个自相残杀的战争。

陶行知得知闻一多先生也被害后,他气愤地对加拿大朋友说:

> 国民党专横毒霸已经有 20 年了,他们拥有全国的军队与警察,然而他们还要像蛇蝎一样地向上爬,去盗窃那些进步的手无寸铁的民主人士的生命。

7月15日,有朋友打听到消息,告诉陶行知:"你是第三枪,已经被国民党特务列为黑名单上的第三名,随时可能被杀。"大家十分担心,郭沫若、翦伯赞等人都提醒陶行知当心国民党特务的黑枪。而陶行知毫无惧色,坦然地对朋友们说:"我是黑榜探花,我等着第三枪!"

第二天,陶行知给育才师生们写了信。谁知,这封信竟成了最后遗言。信中说:

> 如果消息确实,我会很快结束我的生命,深信我生命的结束,不会是育才和社会教育社之结束,我提议,为民主死了一个,就要加紧感召一万个来顶补……平时要以"仁者不忧,智者不惑,勇者不惧,达者不恋"的精神来培养学生和我们自己,有事则以"富贵不能淫,贫贱不能移,威武不能屈,美人不能动"相勉励。

> 现在民主斗争已经到了最尖锐的阶段,反民主分子不惜用恐怖手段来抵抗那不可抵抗的大势。只要我们肯为民主而死,真民主就会来到,而中华民族也一定可以活到万万年。

之后,陶行知的住处被宪兵搜查与特务监视,在借住另一友人住处时仍遭到跟踪、监视。自知身处险境的陶行知依然加倍努力地工作,日夜赶写对联,整理书稿,还清理卖字兴学的欠账。

24日,陶行知为生活教育社卖字兴学,连续写了5个小时的对联,又与郭沫若等30余人致电美国哥伦比亚大学历史学院,请派代表调查中国民主运动领袖李公朴、闻一多惨遭特务暗杀事件。

当晚,郭沫若在临走前对陶行知开玩笑说:"你是黑榜状元,应该留意呢!"

陶行知也半开玩笑地回答:"不是状元是探花,是黑榜探花,你也肯定榜上有名的!"

万世师表与哲人永生

1946年7月24日,陶行知又外出访友,深夜始归。虽然他已经十分劳累,但为了争取时间,还连夜整理生平诗稿十大册,直到午夜1点才上床休息。

不料,第二天早晨,陶行知因长期劳累过度、健康过损,再加上好友李公朴、闻一多遇刺事件对他的刺激很大,导致突发脑出血。12点30分,虽然由沈钧儒之子、留法名医沈谦进行了抢救,并与其他名医会诊,一代教育家陶行知仍然不幸去世,年仅55岁。

陶行知先生去世时,夫人吴树琴和二子陶晓光、四子陶城随侍在侧,沈钧儒也守在旁边。不久,田汉赶来了,翦伯赞夫人赶来了,陆诒赶来了,沙千里也赶来了……都无限伤心。

周恩来同志闻讯后,连忙退掉回南京的飞机票,和邓颖超一起赶到,频频握着陶行知尚有微热的手说:"陶先生,放心去吧。你已经对得起民族,对得起人民。你未了的事会由朋友们,由你的后继者们坚持下去、开展下去的。你放心去吧。"

当天,周恩来发专电向党中央报告,电文中说:

> 十年来,陶先生一直跟着毛泽东同志为代表的正确路线走,是一个无保留的追随党的党外布尔什维克。

陶行知未竟的事业还有很多很多,却"壮志未酬身先死",他的去世无疑是中国人民的一大损失。噩耗传出后,整个社会哀思如潮。晓庄师范学校、山海工学团、育才学校的师生和全国各界爱国民主进步人士、海外侨胞、国际学者都非常悲痛,纷纷开展追悼活动。

中央大学艺术系教授许士骐,曾为外国元首塑像。他为了对好友陶行知表示敬意,也替他塑了遗容和手像石膏模型,栩栩如生地陈列在灵堂里。

7月26日,各界人士为这个伟大的教育家在上海殡仪馆举行大殓。沈钧儒主持祭奠仪式,郭沫若、许广平、黄炎培、马叙伦、茅盾等友人参加追悼活动,并写下挽联表达对陶行知的无限哀思：

面对如此世界，正需大家全力撑持，奈何舍我侪遽去；遗下许多事业，皆是吾公一手创造，最难安后死仔肩。

——沈钧儒挽陶行知

死生以之，为中华民主奋斗；

知行合一，是先生教育精神。

——黄炎培挽陶行知

千教万教，教人求真；

千学万学，学做真人。

——郭沫若挽陶行知

陶行知入殓时，门口放着的4本厚厚的签名册都签满了名字，人流还是不断地涌进来。这时的陶行知如同平时一样，戴着黑框眼镜，穿着学生装，安详地躺在那里。学生们奔过来，拭着眼泪最后看一眼导师；亲友们奔过来，最后再握一下他的手，大家依依不舍地依偎在他的身旁。灵堂内外，充满一片沉痛的哭声。

当郭沫若读到祭文"要不哭，我们不能不哭。要不喊，我们不能不喊。不是专哭先生，而是兼哭人民。我们要哭喊你千声万声，千遍万遍"时，真是一字一泪，感动了无数人。礼堂内外，数千人都屏息凝神，肃立静听。有个官员悄悄地说："他

才是圣人,我们算得了什么!"

8月4日,生活教育社、育才学校和社会大学全体师生在重庆管家巷28号举行陶行知校长追悼会,参会者千余人。

史良的挽联写道:

教育与民主不可分,遍栽桃李万千,遗志克承,先生无恨;专制和法西斯成气,纵有妖魔一二,和平争取,我辈有人。

吴玉章的挽联写道:

四日杀二贤,人人愤激,愤激夺去了我公生命;殃民复祸国,个个怒吼,怒吼起来了大地光明。

8月11日,延安各界举行了陶行知追悼大会。毛泽东主席亲笔题词:

痛悼伟大的人民教育家陶行知先生千古。

朱德亲笔题词:

学习陶行知先生全心全意为人民服务,不屈不挠为独立和平民主而斗争的精神。

林伯渠、谢觉哉、徐特立主祭，陆定一代表中共中央致悼词，悼词说：

> 陶先生从"九一八"后参加救国会起，他的政治立场就很鲜明了。在政治上，他与中国共产党成为民主运动的亲密战友，他是从他的多年实际经验中，深切了解了中国共产党是中国民主运动的中坚，了解了共产党的大公无私，共产党的主张正确，共产党在为人民和民族的利益奋斗时的坚强不屈，所以不怕一切诬蔑压迫，与共产党携手奋斗。

悼词中还说：

> 陶行知先生的死是中国独立、和平、民主运动的重大损失，是中国人民解放事业的重大损失。他是人民的教育家，他的教育思想是为人民服务的教育思想，是新民主主义的教育思想。中国共产党人和解放区的教育界，要继承陶先生的遗志。

这些话，久久地回荡在与祭者的心中。

为纪念陶先生,边区政府已决定将延安小学改名为行知中学,设立行知奖学金,希望将来陶先生的教育思想在全国也能得到施行。

新加坡、菲律宾、马来西亚、纽约等地的华侨、香港同胞,也都举行了追悼会。世界著名教育家杜威、克伯屈、罗格等发来唁电:

> 陶博士致力于中国大众教育建设的功勋与贡献是无与伦比的,我们后死者必定永远纪念他,并贯彻他的事业。

8月16日,育才学校在古圣寺召开追悼会。9月23日,重庆各界人民在沧白堂举行陶行知追悼大会。

陆定一挽联写道:

> 有利国家生与死,不因祸福趋避之。

第十八集团军办事处挽联写道:

> 劳山举义旗,教育归还老百姓;
> 蜀土成遗爱,乡人喜见小先生。

许德珩挽联写道:

教学做合一,若干年来倡导生活教育,身体力行,论功岂止武第二;智仁勇兼备,胜利前后呼号民主,赴汤蹈火,说死实与李闻为三。

9月25日,香港各界举行陶行知追悼大会。10月7日,新加坡各界华侨举行李、闻、陶先生追悼会,参加追悼会的有100多个社团,1000余人。爱国华侨陈嘉庚挽联写道:

君等人地登天,争取民主,争取自由,但凭赤手空拳,洒尽人间血泪;我亦痛心疾首,反对独裁,反对贪污,悉本侨胞公意,只求国跻三强。

10月27日,上海各界名流290人发起了"陶行知先生追悼大会",出席的人有郭沫若、沈钧儒、朱经农、翦伯赞、陈鹤琴和国际友人等,参加大会的有工人、农民、学生5000余人。

宋庆龄为陶行知先生题词"万世师表"。田汉在会上致悼词:

全面内战正在不断展开,全国老百姓正在痛心地哭。国民经济正走向总崩溃,国家命运正走向万劫不复……时局是这样使人惆怅,你的精神像温暖的秋阳,我们不能以眼泪来追悼圣者,却得庄严地、勇敢地、走向民主的战场。

12月1日,是陶行知公葬的日子。清晨,南京紫金山麓积雪未融,天色阴沉。悼念的人群从四面八方涌来。灵柩从上海由全国53个人民团体的代表护送到南京,停放在中央门广场上。数十副挽联,悬挂如林。

由沈钧儒主祭,祭毕列队送葬。董必武同志带来毛泽东、朱德、周恩来署名的三个大花圈,冯玉祥、救国会等人民团体也送来花圈。灵柩用红绸包裹着,上面覆盖着缀有"人民导师"白字的蓝绸祭幛。

灵前贴着董必武同志哭先生的题诗:

敬爱陶夫子,当今一圣人。方圆中规矩,教育愈陶钧。

栋折吾将压,山摧道不伸,此生安仰止,无后可归仁。

灵柩在"万世师表""民主之魂"的两面大横幅下启程。无数大中小学学生、农民、儿童、妇女自动拿起花圈,举起挽联,跟着前进。整个送葬队伍有2000余人,长达2500米。

10时50分,灵柩被运送至晓庄墓地。举行公祭后,在一片哀乐声中,灵柩缓缓地安葬在墓穴中。在陶行知的墓碑上,镌刻着郭沫若手书的16个字:千教万教,教人求真;千学万学,学做真人。

从此,陶行知和父母、前妻、妹妹一起长眠于晓庄劳山之麓。

附近的乡亲们哭着说："陶先生又回来了！"是的，陶行知一生致力于教育事业，永远活在人民的心坎里。正如宋庆龄同志的题词所说，他是"万世师表"。

1947年3月，郭沫若编校的《行知诗歌集》由大孚出版公司出版。郭沫若在《校后记》中写道：

> 陶先生是开创时代的哲人，是伟大的人民诗人！
>
> 这是一部人民经。
>
> 他会教我们怎样作诗，并怎样做人。

1981年11月18日，邓颖超同志在中国政协"纪念陶行知先生90诞辰大会"开幕词中对陶行知先生的一生作了高度的评价，她说："陶行知先生是半殖民地半封建的旧中国爱国知识分子由教育救国走上民族民主革命道路的一个典范。"

"爱满天下"是陶行知一生奉行的格言。他在《晓庄三岁敬告同志书》中说：

> 晓庄是从爱里产生出来的。没有爱便没有晓庄。因为他爱人类，所以他爱人类中最多数而最不幸之中华民族；因为他爱中华民族。所以他爱中华民族中最多数而最不幸之农人。

陶行知自己也正是以爱心去办教育事业的。在育才学校逸少斋办公室里，挂有陶行知亲笔写的"爱满天下"四个大字。陶行知的"爱满天下"不是泛爱主义，而是有着爱儿童、爱青年、爱人民、爱祖国、爱人类的具体内容。

方与严，是陶行知晓庄师范的学生，他曾总结了"十三爱"，来称颂陶行知：

> 他有一颗伟大的爱心，他爱孩子，爱青年，爱朋友，爱人民，爱真理，爱民主，爱科学，爱一切新的创造，爱诗，爱美，爱真善，爱那最进步最光明的一切。

陶行知为此奔波劳碌了一生，他的爱之所以伟大，因为他是真正属于人民。民为贵、一切为人民、专门利人的精神是"爱满天下"的核心。

正是本着这种"爱满天下"的精神，陶行知付出极大的精力，抚育着他心爱的幼苗。他沥尽心血，发现人才，爱护人才。他是人民的真正的同志、朋友和亲人，他爱人民，所以也为人民所爱。

陶行知一生立言至少有 368 万字。这洋洋数百万字的著述告诉世人：这不是一个一般学者所能完成的事情，创作它的人，不仅是一位卓异的教育理论家，还是一位深邃的哲学家、犀利的政论家、天才的演说家、严肃的艺术家、勤奋的文学家。

他"立言"的方式，不仅有文字，还有演说。他的著作能用数字统计，一生所作的演说却是无法统计的。天赋的口才、广博的学问、机敏的思辨、严密的逻辑、诗人的气质，造就了这位享誉中外的演说家。人们把陶行知言论中的警句、格言称为"陶氏论语"。

陶行知以其德、其功、其言在祖国的大地上耸立起一座巍峨壮伟、气象万千的高山。高山景行，崇仰他的，又岂仅是中国人民？至今，全世界已有20多个国家有陶行知研究会。陶行知在国际教育界、思想界享有越来越高的声誉。

1951年，第一个陶行知纪念馆建于南京晓庄师范。1984年，在他少年就读的歙县崇一学堂，建成了陶行知纪念馆。1986年，在上海宝山县，就是当年的山海工学团，建成了第三个陶行知纪念馆。

1996年，陶行知纪念馆被国家教委等6个部委命名为"百个全国中小学爱国主义教育基地"之一，次年由中共中央宣传部公布为"全国百个爱国主义教育示范基地"。

中国人民教育的旗手、民主运动的巨星、伟大的人民教育家陶行知先生将永远活在人民心中！无论经历多少代人，无论流逝多少时间，在人民的心中，已经建立了千千万万个陶行知纪念馆，真可谓师表万世，哲人永生！